员工关系这样管，活力就来了

一本书彻底搞定劳动关系难题

卢云峰◎著

中华工商联合出版社

图书在版编目（CIP）数据

员工关系这样管，活力就来了 / 卢云峰著. —北京：
中华工商联合出版社，2020.1（2024.2重印）
ISBN 978-7-5158-2721-6

Ⅰ.①员… Ⅱ.①卢… Ⅲ.①人力资源管理 Ⅳ.
①F243

中国版本图书馆CIP数据核字（2020）第016240号

书　　名：	员工关系这样管，活力就来了
作　　者：	卢云峰
出 品 人：	李　梁
图书策划：	陈龙海
责任编辑：	胡小英　马维佳
装帧设计：	国风设计
责任审读：	李　征
责任印制：	迈致红
出版发行：	中华工商联合出版社有限责任公司
印　　刷：	三河市同力彩印有限公司
版　　次：	2020 年 8 月第 1 版
印　　次：	2024 年 2 月第 2 次印刷
开　　本：	710mm×1020mm　1 / 16
字　　数：	185千字
印　　张：	14.5
书　　号：	ISBN 978-7-5158-2721-6
定　　价：	69.00元

服务热线： 010－58301130－0（前台）
销售热线： 010－58302977（网店部）
　　　　　　 010－58302166（门店部）
　　　　　　 010－58302837（馆配部、新媒体部）
　　　　　　 010－58302813（团购部）
地址邮编： 北京市西城区西环广场A座
　　　　　　 19-20层，100044
http://www.chgslcbs.cn
投稿热线： 010－58302907（总编室）
投稿邮箱： 1621239583@qq.com

工商联版图书
版权所有 侵权必究

凡本社图书出现印装质量问题，请与印务部联系。
联系电话：010-58302915

前 言 PREFACE

　　未来，已来！不论您当前在什么样的组织任职，是何种人力资源或员工关系管理者的角色，能在百忙之中关注并翻阅本书，表明您是一位愿意在互联网时代成就个体和组织共同走向卓越，并倡导积极、健康与快乐工作的人士！我们在组织中做好员工关系管理工作，就是在创建一种积极、健康、向上的工作环境与氛围，让组织中的伙伴们快乐工作并健康成长！

　　十年前，我转型并选择了"人力资源"这个职业，只因我喜欢与不同类型的人打交道，以乐于助人的个性一路走来，用一句话总结就是：痛并快乐着！回首职业生涯历程，我深知胜任这个角色并非那么简单，特别是真正遇上"员工关系"这一问题后才发现，"人力资源"工作的价值与意义在某种程度上其实就是做好"员工关系"。因为这项工作的结果不仅关乎组织中所有个体的潜能能否得以发挥并获得职业发展机会，而且也关乎组织能否拥有高效能的团队且成就卓越，同时更关乎企业所在社区乃至整个社会的稳定运行与和谐发展。

　　每当我想到人力资源即员工关系工作的价值与意义，自豪感就油然而生，但责任感与使命感也随之而来，因为当你面对因信息不对称而出现的非理性冲突与矛盾时；因奖罚不公平而让团队整体士气低沉时；因管理者水平问题而让员工缺乏发展机会与空间时；因企业文化与目标不明确而让组织整体竞争力下降时；因组织管理者的法律意识淡薄而与员工对簿公堂时，你就不可能把这些情况作为一项简单的"员工关系"事件用常规方式进行处理了，因为这些情况已经涉及个体心理、家庭和谐、组织发展乃至社会稳定。虽然这些情况并非时常发生，但如果在平日里不重视员工关系管理与维护工作，且没有体系化的方法并加以系统地执行，就有可能让事件升级，让组织发展陷于被动。

近来，一位朋友忽然告诉我，他陷入了职业迷茫的困境！他在组织中是主责员工关系管理工作的，一直以来工作都很积极、努力。可因为此项工作太过烦琐，让其一直处于"低头拉车"及"救火"的状态。最终因为工作认可度低，我的这位朋友丧失了成就感，进而对职业发展方向产生了疑虑。

作为组织中负责团队员工关系管理的各级管理者，一些人认为只要满足员工的物质需求就万事大吉了，对团队文化、人际关系、心理状态、沟通协作等方面并未予以重视，结果出现了许多员工关系问题，纠纷、矛盾、冲突甚至官司，让各级管理者非常头痛且无奈。另外，对于员工关系问题，现在的各类研讨群、论坛、专题沙龙、主题活动等几乎都在被动地讨论如何处理劳动关系矛盾、劳动关系纠纷、劳动仲裁、官司等，行业整体上陷入了一种非良性的怪圈而无法跳出来，无法正确看待并解决员工关系管理问题，故而出现"职业迷茫""管理无奈"等现象就实属正常了。

多年的职业经历让我明白，要想真正跳出以上的"员工关系管理怪圈"，必须在工作中经常"抬头看路"，既要看时代的发展、管理的变革，还要看组织发展的方向、战略的要求。因为，常规或传统的员工关系管理把人看作成本和麻烦制造者，被动地执行组织的要求、例行公事，所以，对于许多负责员工关系管理的人员来说，尽量"多一事不如少一事"；而如今的员工关系管理是把人看作资本和业务的推进者，是主动开展的一项基于战略与文化的管理，让员工自发且超额地完成既定任务。所以，管理者会投入更多的关注、关心与关怀，以驱动组织业务的持续发展，这种员工关系管理的新型模式即为战略性员工关系管理。这种模式的员工关系管理，在管理视野、关注角度与处理方式等方面都有别于常规的员工关系管理模式（如图 1 所示）。这种模式不仅让员工关系管理者不再迷茫，而且更能够在组织中形成良性的员工关系管理圈，让管理者不再迷茫与无奈，最终帮助组织、团队和员工共同向卓越迈进。

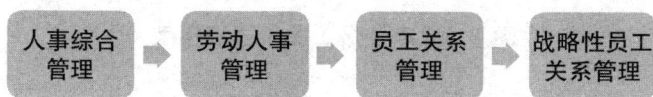

人事综合管理 → 劳动人事管理 → 员工关系管理 → 战略性员工关系管理

图 1　员工关系职能发展阶段模式

何为战略性员工关系管理？如何通过战略性员工关系管理来成就组织与员工的共同卓越呢？在今天看来，其实战略性员工关系管理的理解和实施并不难，因为现在已经具备了天时、地利与人和的环境与条件。如今的互联网时代，特别是移动互联网的快速发展，让一切变得简单、直接与高效，这是天时；组织的运营、管理，包括人力资源与员工关系管理，正逐步走向规范化，这是地利；员工的思维与创新意识不断提升，对人性化、个性化的需求更为强烈，这是人和。所以，作为组织中的管理者，特别是主责人力资源或员工关系的管理者，应该抓住时机，结合本组织的文化与战略的要求，逐步建立并完善"战略性员工关系管理"的工作体系与机制，营造强有力的温馨的"家"的氛围，即"战

略性员工关系管理模型"（如图2所示），增强员工的归属感与忠诚意
识，强化员工的责任感和执行意识，为组织实现战略目标并持续发展保
驾护航。

发展

关怀

激励

沟通

劳动关系

文化、战略

图2　战略性员工关系管理模型

　　战略性员工关系管理，如同为组织及组织中的每位成员营建一个坚
不可摧的"家"，让组织能够在竞争激烈的市场大潮中经受住风雨洗礼，
并屹立不倒，同时保障组织中的成员获得收益，并持续成长。在这个
"家"中，沟通如同墙体，环绕着整个"家"，让其紧密团结、融会贯
通；激励如同脊梁、立柱，支撑着整个"家"，让其保持良好状态；关
怀如同内部装修与装饰风格，让整个"家"温馨且融洽；发展如同没有
天花板的屋顶，带来希望和未来，让其拥有向上的动力；劳动关系如同
地基，保障着整个"家"的稳固，让其能经受住外界风雨。各个因素间
相互作用、彼此贡献、良性循环。

　　本书结合作者十余年的人力资源与员工关系管理工作经验与深刻感
悟，从大量的实践工作案例出发，结合如今快速发展的移动互联网时代

特点，全面阐释基于组织文化与战略的员工关系管理，旨在帮助组织中各级管理者特别是组织中的员工关系管理者，解决管理痛点、实现管理突破，创建利于员工成长和组织发展的最佳工作环境与氛围，共同走向卓越的明天。全书内容共分为三篇：

第一篇为解读篇。本篇为您全面解读什么是战略性员工关系管理，即从正确且理性认识战略性员工关系管理的角度展开，全面阐释战略性员工关系管理的价值、角色与定位，同时分析战略性员工关系管理在互联网时代的发展趋势。

第二篇为实施篇。本篇告诉您如何通过六个步骤轻松搞定战略性员工关系管理，即从战略性员工关系管理实践的角度展开，结合大量不同情境下的实战案例，全面阐释如何逐步深入开展并实施战略性员工关系管理，同时深入剖析战略性员工关系管理的要点与关键点。

第三篇为持续篇。本篇帮您有效评估战略性员工关系管理的效果并进行优化，即从巩固战略性员工关系管理成果的角度展开，阐释如何有效评估战略性员工关系管理的工作成果并进行持续优化，实现组织与员工的共同卓越和可持续发展。

希望广大读者通过阅读本书，能深刻领会战略性员工关系管理的要义和精髓，并掌握战略性员工关系管理的方式方法，让员工干劲十足，让组织高效运转。

目录 CONTENTS

解读篇
这样读懂战略性员工关系管理

　　组织的发展离不开人力资源管理。而人力资源管理中的员工关系管理模块到底在组织及人力资源管理中承担着什么角色、如何定位、有着怎样的作用与价值，以及谁能胜任此项管理工作等问题，关乎战略性员工关系管理的"精、气、神"。这些问题的答案本篇——为您解读并呈现。

第一章
你所不知道的战略性员工关系管理

  管理视角、前瞻性思考、角色与使命构成了战略性员工关系管理的本质要点。而战略性员工关系管理的方式正是组织的各级领导者、各类团队的管理者不可缺少的，因为它更关注人性的特点与需求，强调员工个性潜能的正常发挥。

  正确地理解战略性员工关系管理的含义与价值，是做好员工关系管理工作的关键。因此，了解战略性员工关系管理的发展过程并规避一些误区，是非常必要的。

第一节　战略性员工关系管理必不可少

一天下午临近下班时分，某知名集团公司北京总部接到异地某项目组项目负责人的电话，称其项目组内有位员工利用工作便利恶意操控客户电脑及网络，攻击客户的保密设置，并有可能上传病毒，损害客户软件正常运行，希望集团总部的法律及人力资源部门介入调查并及时制止。

接到消息后，集团人力资源部门主责员工关系的负责人与法律部负责人在第一时间进行了沟通、研究，同时做出立即让该员工返回总部进行核实的决定。经过一番努力，该员工终于在夜里11点到达北京，11点半准时坐在了集团总部会议室中。为了保密并避免该员工有继续操控客户软件的可能性，所以在整个返京过程中该员工并不知晓要求其返回集团总部的原因，此时其所有内部网络账户已暂封，直至该员工坐在了会议室中。

集团总部相关人员（含公司技术部门专家）随即与该员工进行了沟通与核实，了解到该员工作为一名项目组的技术能手（也是一名职场新人），确实在工作中对客户的重要软件进行了非常规的甚至恶意的操控行为，违反了公司关于内部网络的管理规定。经过进一步了解，该项目组长期驻外，在某些管理方面与总部脱节，该员工因个性比较强，工作与生活中比较独立，得不到同事与上级的关注与关怀，于是就经常用网络方式与外界交流，以搞软件攻击、散播"恶意病毒"为乐趣，致使该行为威胁到客户的电脑系统安全。

最终，该员工的该类行为被及时制止，避免了实质性的破坏行为。该员工也因其行为违反公司相关规定而受到了惩罚，项目组负责人因疏于管理也受到了相应处罚。

现实工作中，各级管理者经常扮演"消防队员"的角色，许多本来可以避免的员工问题后来演变成了突发事件。许多管理者的视角还不能从"管事"转移到"管人"，即使管理者的视角是"管人"，也管得很不到位。殊不知如果团队中的人有问题，是做不好事情的。同时，管理者对所负责的工作在组织战略中的定位与价值要有前瞻性的思考，并有预见性，不能只关注工作目标达成情况，而不分析并关注达成目标需要怎样的人以及如何正确培养与引导团队成员。在上面的案例中，因员工的上级管理者没能明确自身角色和承担的使命，主责员工关系职能的人力资源管理者未能预见性地了解、掌握员工基本情况并督促落实员工关系管理工作，未及时对"问题员工"进行正确的引导，结果导致了突发事件的发生。

准确地定义员工关系管理的涵盖范围并不容易，因为在人力资源管理中，凡是不知道该归为哪类的工作都会被推到这一范畴中，包括员工的沟通、激励和关怀等。可以说，员工关系管理是组织内最琐碎且不易被呈现价值的人力资源管理部分。这一工作确实能够对员工满意度、工作效率、管理绩效以及人才挽留等方面做出不可小觑的贡献，尤其在组织遇到动荡、调整、裁员或其他危机的时候，员工关系管理工作更为重要，员工关系管理者更是承担着不可替代的责任，甚至会成为挽救公司的最后防线。

第二节　什么是员工关系与战略性员工关系管理

前文中多次提到"员工关系"，那么什么是员工关系呢？管理者又该如何做好员工关系工作呢？

通常来说，员工关系是指组织中员工与员工、员工与组织在工作中所产生的各种关系，包括劳动关系、人际关系、合作关系、和谐关系等。这些关系的维护与传递是靠各级人力资源管理者（包括人力资源职能人员和各级管理人员）来进行的。因此，在某种意义上说，员工关系就是指员工与员工、员工与其上级之间的关系。从组织的角度来看，员工关系就是指员工和组织之间如何达到和谐并步调一致、如何把组织的想法和员工的想法互相结合并最终形成双赢的一种关系。

任何事物或概念的发展都需要一个过程，员工关系的发展也不例外。员工关系在不同的发展时期、不同规模与性质的组织中有着不同的职能特点。计划经济时代，员工关系管理者的职能更多的是人事日常工作，如员工档案管理、日常各类人事手续（招聘、入职、转正、调动、离职等）的办理，这一职能甚至代表组织中的人事管理工作，这也是如今许多小规模生产型公司的特点。到了市场经济时代，人力资源得到了重视，也取得了一定的发展，故而将员工关系独立出来，在原有员工关系管理工作职能基础上，除了履行原有职能的相关工作之外，还增加了对组织中的劳资纠纷和日常人际沟通问题的处理。而在如今的新经济时代与互联网时代，员工关系管理者则承担着增强组织凝聚力与提升组织战斗力的使命，为组织战略目标及员工自我职业目标的实现保驾护航，是基于组织文化和战略发展需求的一种新型管理模式（如表 1-1 所示）。

表 1-1　不同时期员工关系管理者的职能特点

时期	类别	角度	关注点	管理方式
计划经济	人事日常管理	日常人事事务	员工事务	被动办理
市场经济	常规型员工关系管理	员工事件处理	员工行为	被动处理
新经济时代	战略性员工关系管理	组织战略与工作环境	员工心理	主动预防

当然，任何时代下的不同组织因其发展阶段与性质不同，员工关系管理的职能特点也不是千篇一律的，需要根据不同情况做具体分析，但目标与方向是一致的，即通过激发个体潜能、凝聚团队力量，进而服务于组织战略。

随着全球信息化进程的加快，国外的一些管理思想与管理工具纷纷被引鉴到国内，"员工关系"一词也被引入组织各级管理中，就是我们常听到的"员工关系管理"。

2008 年颁布的《中华人民共和国劳动合同法》，让员工关系管理者的职能提升到了一个新的高度。各类有关新劳动法的培训也纷纷出现，劳动法律师、劳动法专家、法律专业机构人士等都参与到了这一热潮中，这些培训方式与内容都是在"就事论事"，例如法条的理解、出现过的案例等。但每个组织的情况不同，所发生的劳动关系事件千差万别，怎么能用这些几乎一致的培训内容来解决呢？实际上，当时人们是误把"劳资关系"当成了"员工关系"。

在当前诸多组织的管理实践中，员工关系管理通常被简单地认定为劳动关系管理、劳资纠纷处理、临时危机事件公关等。所以，组织在设置该岗位时，更多的是考虑帮助组织去处理已经产生的劳动关系纠纷，希望更大程度地去降低组织因此而遭受的损失，员工关系管理者充当的是"救火队员"的角色。而实际结果恰恰相反，组织只是被动地事后解决问题，而没有主动地提前去预防问题的出现，进而造成了舍本逐末的情景，结果不论是员工还是组织都很受伤，出现两败俱伤的局面。这种情景与局面的出现，其实主要原因是组织没有从文化与战略的角度提前规划员工关系管理工作，同时也没去思考组织中员工关系管理的现实问题，更没有真正分析并关注员工个体情况，不是从营造良好组织氛围和企业文化为出发点，在管理工作中随意性较强，所以很难达到"防患于未然"的效果。

据此，基于组织文化与战略的"战略性员工关系管理"方式，将成为保障组织发展的必备工具，也在日益成为当今新经济环境下管理、激励职场人士的全新方式，因为它更强调从个性、心理及职业发展的角度去关注员工个体、员工与员工之间、员工与组织或社会之间的关系，通过营造良好的工作环境与氛围，让员工快乐工作，让组织平稳发展，进而让整个社会和谐进步，最终成就组织与员工的共同卓越。

第三节 原来战略性员工关系管理这么重要

在我们的工作实践中，一些组织的战略似乎总是非常神秘和高高在上，好像它们只能由组织最高管理层所独享，或者说如果要实现组织战略只需要组织中为数不多的高层参与即可，不需要其他组织成员的努力。这显然与当今团队合作共事的大背景是相违背的。那我们应该如何来理解组织的战略呢？战略的本质就是指导组织中所有成员做正确的事情，因此可以如此来定义战略：指导全局工作，决定全局命运的方针、方式和计划（该定义来自《战略人力资源管理学》）。

经济全球化、社会国际化、文化多元化和信息网络化是这个时代的特点。组织间的竞争是新型商业模式下的战略竞争，而所有战略的实现依靠的是组织中的人才资源，因此如何充分利用与发挥好自身的人才资源优势，调动组织中所有成员的积极性与工作热情，是决定组织可否持续发展并能够立于不败之地的关键。这个关键，就是要从组织战略与经营的角度做好员工关系管理工作。

然而，在组织管理与工作实践中，我们经常会发现员工士气低落、工作效率低和员工满意度差的情况，虽然组织在极力提升员工的薪酬及福利待遇等，但员工的表现还是不尽如人意！那么，导致员工激情不够、绩效不高的原因到底是什么呢？今已进入21世纪，"90后"、"95后"，甚至"00后"逐步成为社会的主角。面对这些在家庭中居于说一不二的位置的新生代员工们，如何很好地管理并激励他们是组织中所有管理者要思考的问题，也促使我们不得不从组织文化、战略高度和时代要求的角度来重新审视管理方式与方法。

员工离职的原因林林总总，只有两点最真实：1.钱，没到位；2.心，委屈了。这些归根到底就一条：干得不爽。员工临走还费劲心思找靠谱的理由，就是为给你留面子，不想说穿你的管理有多烂、他对你已失望透顶。仔细想想，真是人性本善。

——摘自马云《谈员工辞职》

如今人们的生活水平不像以前的计划经济时代，那时一切资源有限，家庭收入有限，生活相对比较贫困；而如今的人们都是生活在相对比较优越的家庭中，再加上这个互联网大发展的时代，他们的生活可以说是衣食无忧的。想让如今的员工在组织中更好地工作，首先需要去满足他们个性的发挥，同时给予尊重，让他们感受到公平的环境与平等的待遇，同时在安排工作时真正让他们感觉到工作的价值，可以充分发挥潜能，而不能像过去那样，依靠硬性制度与规范去要求他们，要用更为软性的管理方式去为他们创造一个适合其成长与发展的工作环境。这种软性的管理方式就是基于组织文化与战略的"战略性员工关系管理"。

那么何谓战略性员工关系管理呢？概括地讲，战略性员工关系管理，是指由组织各级管理者基于组织文化、战略，通过拟订和实施员工关系管理政策和举措（如沟通、激励、关怀、发展、劳动关系等）来调节组织与员工、员工与员工之间的良性互动关系，建立积极向上的工作环境氛围，提升员工敬业度和组织的竞争力，进而保障组织的稳定发展及战略目标实现的管理行为。

北京有一家互联网行业公司，主营 APP 研发与设计，2015 年初成立，至今已有几年的时间，经营业绩已上升到同行业中同等规模企业的前列。这个成绩的取得，某种程度上要归功于这家公司的人性化管理，其中最为重要的是战略性员工关系管理。这家公司提倡"家"的文化，认为所有能够加入到公司、来自五湖四海的员工都是有缘的，应该彼此包容、友爱、帮扶，公司在办公环境、工作氛围、人际关系等方面让员工感受到舒适、温馨与高效，管理者也非常愿意为员工提供各种学习与成长机会。因此，这家公司的员工都能够将工作意识由被动变为主动，从"要我做"转变为"我要做"，目标感极强，对结果的达成基本不用上级领导的催促。比如在产品测试环节，负责测试的员工不会为了测试而测试，而是站在产品最终使用体验者的角度去检测每个细小的环节，并提出改进的建议。这家公司不论是在沟通、激励方面，还是关怀、成长方面都做得非常到位，员工的感受非常好，纠纷、矛盾自然就化解了，劳动官司几乎没有出现过。

在互联网快速发展的今天，员工与员工之间、组织与员工之间的沟通方式已经不受时间与空间的限制，每个个体都会形成一个圈层，他们相互间产生交集并相互影响。而战略性员工关系管理的有效实施，能让这些个体与组织间形成巨大的合力，产生持续的良性互动局面，共享组织平台、共创价值体系，使企业顺应时代潮流，立于不败之地。

"我并不喜欢戴着有色眼镜看人，但必须承认，如果你的战略和员工的技能能够匹配起来，那可是一件大好事。战略不过是制定基本的规则，确立大致的方向，把合适的人放到合适的位置上，然后以不屈不挠的态度改进和执行而已。"

——杰克·韦尔奇（美）

第四节 战略性员工关系管理者的职责

传统意义上的员工关系管理强调的是人事事务性的工作，是根据组织人力资源管理需要而派生出的人事管理职能；而战略性员工关系管理则是基于组织文化与战略对人力资源的需求，通过更多人性化的行为来达到满足组织发展的要求。据此，战略性员工关系管理的职责范围不仅涉及组织文化，还涉及组织中战略人力资源管理政策与体系，所有涉及企业与员工、员工与员工之间联系和影响的方面都是战略员工关系管理体系的内容，包括组织核心价值理念体系的确立与推广、员工职业生涯管理与开发、战略人力资源政策与制度的制订与实施等。战略性员工关系管理者的具体职责包括员工沟通管理、员工激励管理、员工关怀管理、员工发展管理及劳动关系管理五个部分（如图1-1所示）。

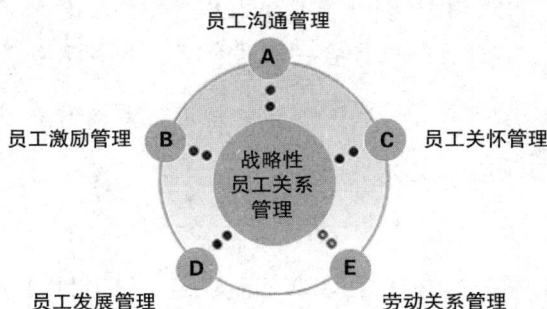

图1-1 战略性员工关系管理者职责图

1. 员工沟通管理：让沟通无处不在

该项职责的具体内容包括：建立与实施适合组织发展的沟通渠道体系；加强并保证内部与外部沟通渠道的畅通无阻；员工访谈、家属沟通、员工申诉；利用正式和非正式的沟通手段，保证沟通渠道的畅通，引导企业与员工之间、员工与员工之间进行及时沟通。

近来，项目组李总的脾气非常大，总是责怪下属的工作不得力，对安排的工作总是理解不到位、往复返工，既浪费时间，也降低了效率。要求2～3天完成的工作用了一周的时间也没有达到预期的效果，项目组成员间的矛盾与冲突也不断出现，严重影响了项目进度。为了尽快改变这种现状，李总找到人力资源部门的同事，经过了解，发现问题出在项目组成员间的信息不对称、奖惩不透明上。大家平时工作压力比较大，在一起交流与沟通的机会非常少，李总虽然发现了此类问题，但没有及时采取措施，认为只要把工作布置了，下属就可以按要求推进。因为少了中间环节的互动、交流与沟通，下属对工作安排未能完全理解，同时下属间因缺乏沟通，造成心理上相互间出现隔阂与猜疑，信任度降低，故而让整体团队的工作绩效下降了许多。最终在人力资源部门同事的协助下，李总组织所有成员在一起进行了一次深入的沟通，大家敞开心扉进行交流，发现其实也没有什么大问题，只是存在信息流不畅、日常工作中缺乏沟通机制这类小问题。

沟通让李总解决了员工之间的交流障碍，让项目组建立了有效的沟通机制，保证了信息的流畅性，可见员工的沟通管理也是至关重要的。

2. 员工激励管理：让激励随时发生

该项职责的具体内容包括：建立和推广企业文化、民主管理、员工激励、奖励和处罚，引导员工建立良好的工作关系，创建利于员工建立正式人际关系的环境；保证沟通渠道的畅通，引导公司上下及时双向沟通，完善员工建议制度；建设企业文化、引导员工价值观，维护公司良好形象（对内）。

3. 员工关怀管理：让关怀深入人心

该项职责的具体内容包括：员工组织活动的协调、为员工提供有关福利、法律和心理方面的咨询服务、及时处理各种意外事件、发起组织各种员工活动、重要时刻慰问、节假日祝福；心理辅导与疏导（在条件允许的前提下，专人不定期对员工的心理进行辅导，或开设心理类培训课程，缓解职场压力与家庭矛盾带来的心理隐患）；为员工提供有关国家法律、公司政策、个人身心等方面的咨询服务，协助员工平衡工作与生活。

4. 员工发展管理：让发展促进成长

该项职责的具体内容包括：员工职业生涯管理与开发，指导与提升员工自我管理能力，全面培育员工基本职业素质，加强员工关系培训和对热点问题的调研，适时组织对员工的各类专题培训。

5. 劳动关系管理：让和谐成为主调

该项职责的具体内容包括：及时接待与处理员工申诉、员工入职面谈及手续办理、劳动合同管理、劳资纠纷管理、劳动争议处理；员工离职面谈及手续办理，处理员工申诉、人事纠纷和意外事件；规定劳动时间、劳动报酬、安全卫生、劳动纪律、福利保险、教育培训、劳动环境等。

　　某公司负责人事关系管理工作的小张近来很郁闷，因为自己的一个工作疏忽，没有及时与一个员工续签劳动合同，给公司造成了经济损失，自己也受到了处分。该公司制度规定，员工在劳动合同到期前30日内，人事关系管理员要与员工及其上级沟通是否续签事宜。小张非常清楚此点要求，在该员工的劳动合同到期前的一个月就与其上级进行了沟通，但其上级一直没有明确表态，小张也不好与员工进行沟通，结果因为事务性工作较多把此事耽搁了，直到过了续签期员工直接找到了小张，小张才发现这一工作失误，最终以"补偿＋处分"的代价了却此事。

　　好的劳动关系管理就像给员工吃下的一颗定心丸，因为员工清楚自己的责任与义务所在，心里会更踏实，有利于公司或部门内部形成和谐的工作氛围。

第五节 做好战略性员工关系管理会带来哪些变化

每天去上班的时候，我都会看到那么多与我一样有着职业梦想的人，不管地铁、公交里多么拥挤，也不管自驾的路上有多么堵车，都义无返顾地到达各自的工作单位，工作一天后再以如此方式返回。早出晚归，天天如此，把自己大部分的时间与精力都献给了所在单位。

此时，我在想，如果其所在单位不能为其提供一个积极、快乐并向前发展的工作环境，上级管理者不能关注这些人的成长，那么这些人不仅无法全情投入工作，而且无法施展才能，更不用说实现职业梦想了，人力资源的价值也就浪费了。时间一久，员工会产生职业倦怠，甚至会产生消极与负面的情绪，进而形成循环效应，最终会影响个人心情、家庭的幸福、组织的发展和社会健康与稳定的发展。而战略性员工关系管理方式的出现，特别是在当今快速发展的移动互联网时代，无论是对个体发展与心理成长方面，还是对组织发展与社会稳定方面，都将产生重要的促进作用。

战略性员工关系管理因其视角、关注点与管理方式有别于常规的员工关系管理，故在组织的总体管理中着重体现出四方面的价值，即统一思想、凝聚人心、和谐氛围、协同共赢（如图1-2所示）。

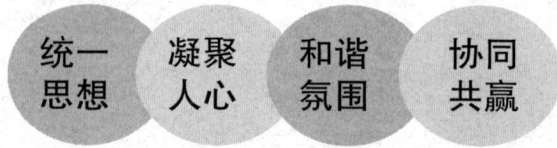

图1-2 战略性员工关系管理的四项价值

1. 统一思想

在实现组织战略目标的过程中，通过战略性员工关系管理可以统一员工的认识与方向，保证员工在正确地做事之前能够做正确的事。

2. 凝聚人心

在组织或团队中，每位成员都是独特的，都有其特长与优势。战略性员工关系管理能将他们凝聚在一起，在目标一致的前提下使其各施所长、各显灵通，共同成长与发展。

3. 和谐氛围

良好的工作环境是使组织成员发挥潜能的先决条件。战略性员工关系管理可以积极改善不良工作环境，让员工始终保持正能量的心态、积极的情绪及良好的人际关系，使公司经营保持和谐氛围。

4. 协同共赢

组织提供良好的工作环境与培养机制，员工在此环境与机制下积极进取并胜任工作，形成良性循环，共同实现各自的目标。

同时，做好战略性员工关系管理工作，对个体层面、组织单位层面及社会层面都有非常重要的意义，因为这项工作是将这几个层面有机联系在一起的，具有相互影响、相互促进的作用。这些工作的意义也恰恰体现出了作为一名战略性员工关系管理者的责任、使命与荣誉，具体体现为以下三个层面（如图1-3所示）：

图 1-3 战略性员工关系管理的三个层面

1. 个体层面

（1）满足个体成长需要：生存、心理、发展、梦想。

（2）行为与心理表现：主动积极、工作投入、有激情、有归属感、满意度高、幸福感、团队精神强。

（3）呈现的结果：高效率、高生产率、积极影响他人、利于营造良性的工作氛围。

2. 组织层面

（1）满足组织发展需要：工作业绩提升、业务拓展顺畅、利润不断增长。

（2）行为与心理表现：组织士气提升、组织整体战斗力提高、员工流动率低。

（3）呈现的结果：良好的雇主品牌形象、组织稳步发展。

3. 社会层面

（1）满足社会稳定需要：积极参与社会活动、营造良好的社会环境、积极传播正面信息。

（2）行为与心理表现：积极履行社会责任、包容并积极应对社会各类现象。

（3）呈现的结果：社会稳定发展、和谐的社会环境。

小雪是某公司的普通职员。一次，公司接到一个紧急任务，需要加班加点将工作做出来。这本来没有什么，为了公司的利益，所有员工一起加班就可以了。但是，小雪在工作中负责的那个环节工作量比较大，光靠小雪一个人无法在公司要求的时间内完成。

小雪发现了这个问题，于是在接到工作之后立即向经理反映情况，并要求给自己增加两名同事做帮手，如果实在没有人手至少也要调一名同事过来。然而经理却认为小雪这样要求是想要减少工作量，是为了偷懒，没有答应她。小雪忍着气加班到了半夜，由于工作量太大，工作进度还是不能令经理满意，经理要求小雪继续加班。小雪实在受不了这种工作强度，于是没有听从经理的安排，而且立即递交了辞呈。

经理没能处理好和小雪之间的关系，导致小雪愤怒之下辞职。由于人手紧张，再加上接替小雪工作岗位的人对工作不熟练，最终公司没能按时完成这次任务。

通过与众多人力资源管理同行交流，我发现许多组织对员工关系工作的重视程度都是不够的，基本上没有设置该岗位或职能方面的人员，除了外企与规模较大的国企外，其他组织中该职能基本上由人事岗位兼职。而实际中，该项工作又是人力资源管理同行认为非常重要且最为关注的工作，也是占用时间与精力比较多的。为什么会出现上述情况呢？原因有两点：一是组织的管理者对"员工关系"管理工作的价值与意义认识不足；二是能够胜任此项工作的人不多。

在当今互联网时代，战略性员工关系管理的意义不再局限于静态的员工与员工、员工与组织间的关系。每个员工与组织间都是互联网的一个联结点，他们联结内外，都是一种自媒体，拥有着自身的资源圈与独特的交往方式。如果能够关注并处理好员工关系，那么对于组织的品牌推广、口碑宣传、业务发展机会及引进并留住人才等方面都具有非常巨大的作用。

第二章
做好战略性员工关系管理的几项条件

  我们知道，组织中的战略性员工关系管理在管理领域是一个涉及面非常广也非常琐碎的一项工作。它不同于招聘、薪酬、绩效、培训、文化建设等具有某种专向性的工作，却与这些工作有着非常紧密的联系。没有这些工作，战略性员工关系管理等于是无源之水，因为战略性员工关系管理工作都是在做好这些工作的基础上开展的。所以，有些管理理论认为，战略性员工关系管理其实就是战略人力资源管理，因为它更关注人的本性需求、潜能发掘、职业规划，同时它也更侧重从组织文化、战略与组织发展层面来开展工作，目的是为了让每个个体都有更好的发展、让组织发展拥有强有力的保障。

第一节　在组织管理中的角色定位

我们时常听到管理者们讨论如何让员工努力工作，但很少听到管理者们认真研究如何实现对员工所承担的义务的承诺，包括工作的引导、资源的支持、服务的提供，对员工谈不上生活的关心、职业的指导；我们也时常听到直线经理关于别的部门不配合自己部门工作的抱怨，特别是关于责任的推诿、办事效率低的议论，却很少见他们逆向思考自己的管理角色、教练的方式。

试想一下，如果管理者不能以身作则，凭什么让员工积极努力工作呢？所以，作为管理者，要多做反思：为什么不从自身角度改变服务观念，先让员工满意，而做先行者和倡导者呢？管理者在管理中扮演了什么角色？管理者为什么不能成为公司利益的代言人、企业文化的宣传者，而只是一味抱怨呢？当听到消极的、负面的或者员工"不满意"的议论时，为什么不能从公司的角度、从积极的角度、从正面的角度加以重视、加以引导、加以解决，而是任其蔓延呢？这些问题或许尖锐了一点，但这样的反思会帮助管理者梳理并进一步认清员工关系管理的目的。换句话说，员工关系管理的目的是每一个管理者必须首先明确和清楚的问题。唯有明确这一角色定位，管理者才能以正确的心态寻找适当的方法，去应对和解决员工关系管理中的各类问题。

战略性员工关系管理成败的关键是由三方构成的一个"金三角"，

这个"金三角"分别是总经理、人力资源部门和业务部门经理。只有保证这个"金三角"的稳定，员工关系才有基本的保障。明确区分业务部门经理和人力资源部门的工作是维持这个"金三角"平衡的基础，一定要做到各尽其责，有效且充分沟通，同时统一于组织战略发展这个大目标中（如图 2-1 所示）。

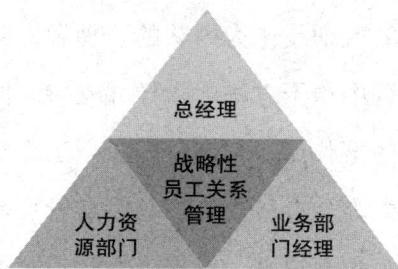

图 2-1 战略性员工关系管理的"金三角"

"我们部门某员工简直让我受不了，做起工作来根本不用心，发给我的东西还需要我仔细核对！如果总这样的话，还要他干啥，我自己就做了！"一位部门负责人向我抱怨此事，还没等我说话，他接着说"明天就让他走人吧，我不想再看到他，再招聘其他人吧。"

其实在如今的信息化社会里，每个人都掌握了大量的信息，不管是对工作技能、工作心态、工作人脉还是对工作选择，总之人们对于工作本身有许多的理解。不像此前的工作环境，遇到一个工作机会就会死心踏地用一辈子去做，特别是职场新人，跳槽更加频繁。而这些问题就是在考验我们管理者的心胸与责任。员工能否用心地开展工作需要管理者的指导与支持，而行政管理的成分要减弱。

经过与那位负责人的耐心沟通，最终他明白了，只有教会员工做事情并像领导一样去思考问题才算是一个合格的管理者，否则管理就是一个专业岗位或职能岗位。

现实中，一些管理者对待下属员工缺乏耐心、缺少指导，没有起到管理者的引导作用，即不能教导下属员工，让其有更多的成长与锻炼机会；还有一些管理者仅把自己作为团队的指挥者、发号施令者；这些都是业务能手与管理者的区别。作为团队的管理者，要想办法让部属员工去实际执行，在此过程中给予方法、指导并支持。同时在此过程中，管理者要能发现每个人的擅长点，合理分配每项工作。这样经过反复历练与实践的部属员工，能力会有所提高，与团队管理者的工作默契度也会增强，团队的整体效率也会提高，管理者总觉得无可用之人、什么事情都亲历亲为的情况就会有所改善。

第二节　在人力资源管理中的角色定位

人力资源管理者在组织的运营管理中通常具有四大职能或角色，即公司的战略伙伴、公司的变革先锋、基础管理专家和员工的知心人（如图2-2所示）。综合观之，四个角色中最难做好的就是"员工的知心人"。因为作为人力资源管理者，面对员工时要永远说真话，不能欺骗他们；同时还要维护公司的利益，用自己的真情实感、亲和力去打动员工，这些工作对人力资源管理者的要求很高，工作很有难度。因此，"员工的知心人"的角色往往由组织中的员工关系管理者承担，通过沟通、激励、关怀、职业发展等方式，架起员工与组织间稳固的桥梁，实现和谐与共赢的局面。

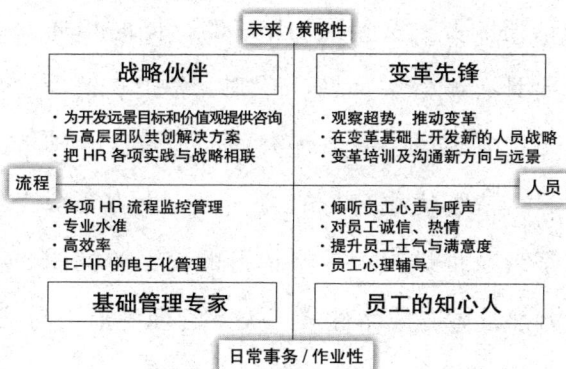

图 2-2　人力资源管理者的四种角色

在一次季度绩效考核中，一向表现不错的某员工业绩突然滑到了即将被淘汰的地步，按照规定及正常程序，该员工将面临被谈话警告及劝退的危机。你作为人力资源管理者，将如何开展接下来的工作呢？

一般的人力资源管理者会按规定将考核结果提交给该员工的上级管理者，并给出绩效管理的相关规定及淘汰程序，或者直接配合该员工的上级管理者，对该员工进行相应的处理。因为绩效管理规定和自身职责就是这样的，人力资源管理者只能如此操作。而优秀的人力资源管理者首先会对考核结果进行对比与分析，然后与该员工的上级管理者沟通，一起找出该员工绩效突然下滑的原因，比如该员工在上季度工作期间发生了什么事情、绩效考核的设置有什么问题。最后管理者会与当事员工进行交流，找出原因并给出解决方案，帮助员工在下一季度的考核中提升绩效。

人力资源管理者的高素质是员工关系管理的润滑剂，所以，人力资源管理者一定要不断提升自身能力，力争使自己成为一个合格的业务伙伴、一名职能专家，具备为企业增值的能力。要做到以上几点，管理者就要既精通业务，又精通 HR 战略，同时精通变革和流程。人力资源管理者要具有诚信、远见、开放、公正、精确、热忱、乐观等优秀的个人品质。要想成为一名优秀的人力资源管理者，一定要努力实践、不断学习，持续优化自身能力，因为人力资源工作人员肩负着创建人才成长平台及推进组织战略执行的使命（如图 2-3 所示），而这些素质与能力都是做好战略性员工关系管理的前提与保障。

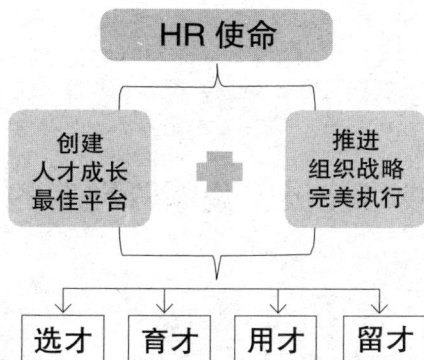

图 2-3　人力资源管理者的使命

　　沃尔玛的管理者在处理员工关系的问题上可谓是很好的榜样。有一次，沃尔玛公司的老大沃尔顿先生凌晨两点去买夜宵。他路过公司的一个发货中心时与装卸货物的员工聊了起来。这一聊他发现，装卸工人至少需要两个淋浴间来解决洗澡的问题，于是第二天他就落实了淋浴间的事。

　　沃尔顿认为，一些经理人会靠恐吓和训斥来领导员工，其实他们错了。好的管理者要在管理中加入人的因素，而恐吓会造成员工的紧张，使他们有话不敢说、敢怒不敢言，这样问题会变得更加严重。

　　在沃尔玛，管理者都会真诚地尊敬和对待自己的员工，了解他们的为人、家庭、困难、希望，关心他们的成长和发展。

　　沃尔玛的管理者可以说是员工的知心人，他们的做法不仅收获了员工的真心和付出，更为公司的发展带来了更强大的力量。

　　综上，战略性员工关系管理者的角色不仅是组织文化的传播者、良好工作氛围的营造者，而且还是员工内心需求的倾听者，是快乐工作的传教士。

第三节　战略性员工关系管理者的任职资格

我会搞员工活动，也了解一些劳动法知识，也知道如何应对员工纠纷事件和日常的人事手续办理，这些曾经是包括我在内的许多管理者对员工关系管理工作的理解。但当我经历了不同规模、不同性质、不同阶段的组织单位后，发现这种认识是片面的，无论是早期的人事综合职能还是独立的员工关系职能，都不能够全面且深入地了解员工关系管理者工作的价值与定位。在如今的互联网与共享经济时代，我们面对的员工群体发生了许多转变，组织的形式也在变革，所以一名合格的战略性员工关系管理者不管是心理成长方面还是经验与阅历方面都需要更多的修炼与积累，同时要能够从组织文化、组织发展的角度看待并处理员工关系问题。

战略性员工关系管理者较之传统意义的员工关系管理者或人事管理者，对任职资格有着相对较高的要求。

1. 学历与专业

具备本科及以上学历，管理学及心理学专业为佳。

具备此种学历与专业背景的管理者可以快速抓住人性的本质，并根据管理的方法论找到与问题相对应的解决方案。同时，他们专业知识的宽度和深度会帮助其与各类不同情况的员工进行顺畅的沟通，并及时总结与分析沟通过程中的问题。

2. 工作经验

具备五年以上人力资源管理工作经验或三年以上员工关系专职管理工作经验。

具备五年以上经验的人力资源管理者或具备三年以上经验的专职员工关系管理者，不论是从理论体系的角度还是实践方法的角度对人力资源管理都会有比较深刻的认知，对如何有效支持业务、成为业务部门的合作伙伴也有非常深刻的理解，进而为有效开展员工关系管理工作奠定良好的基础。

3. 知识技能

要熟悉相关劳动法律法规，具备丰富的劳动争议处理经验；具有优秀的文字表达能力及活动的组织与策划能力；较强的互联网思维与创新意识。

人力资源或员工关系管理者，是与人打交道的，有许多工作是基于劳动关系基础上的。如果不能很好地掌握劳动关系相关法律知识，就不能很好地与员工进行沟通，也不能有效规避可能存在的法律风险。当然，员工关系管理者自身承担着非常重要的企业文化宣传者的角色，要能通过非常优秀的文字表达、书写及组织活动等，借助互联网思维与创新意识，传递企业的核心价值观。

4. 个人素质

亲和力强，积极主动，有大局观，具有强烈的责任心和事业心，优秀的沟通、谈判及团队协作能力。

作为人力资源或员工关系管理者，具备亲和力及大局观能够让员工愿意与你坦诚交流，及时反馈员工自身及团队的情况，愿意听取你的建议与解决方案。因此，人力资源或员工关系管理者需要拥有强烈的事业心和沟通能力。

5. 其他素质

客户导向、精诚协作、积极进取、立足创新、求真务实、敬业诚信。

小张是一个空降到公司的人事经理，然而他一来就遇到了一个难题。以前他所在的公司是一个管理咨询公司，上游和下游的客户关系比较简单，管理起来也没那么复杂，而现在所在的公司是一家生产企业。这次产品部和销售部产生了矛盾，可他们都是为本部门利益着想，各有各的理。小张帮着谁说话都不是。

小张初来乍到对公司的整体情况不够了解，加上没有调节这种问题的经验，一下子慌了手脚。这时候他才发现，原来自己的专业技能和经验还是欠缺不少，所以制约了解决自己问题的能力。

其实小张的问题很简单，无论是哪个部门都要以公司的利益为重、以客户的利益为重，这样考量，两个部门就不会因为本部门的利益再发生争执了。

在移动互联网时代，客户导向能够让人力资源或员工关系管理者要始终知道自己为什么而工作、什么样的工作才是有价值的。拥有精诚协作、积极进取、立足创新、求真务实、敬业诚信等素质，可以让我们在组织中更有影响力和领导力。

第四节 战略性员工关系管理者的胜任特征

"您真的很适合做人力资源工作！""我还真没见过您这样懂业务、懂管理的人力资源的负责人呢！"这是我在面试各层级候选人时对方对我的评价。这些评价一定程度上反映出人事工作者的工作状态与工作职责，我在与候选人交流时不会具体谈到人力资源管理工作，谈得更多的是组织发展平台、组织中的人际氛围和组织对新成员的要求，或是通过面谈，给他一些职业发展方面的建议，总之都是从组织文化与战略发展的角度来看待人才，并告诉候选人组织的真实情况，最终便于他的选择。特别是在当今这个时代，如何招聘到你想要的人就与我们是否能够做好人力资源管理工作有关，这对员工职业规划的熟悉、对组织工作氛围的了解、对员工心理方面的把握、对关键人才的判断等起到了非常关键的作用，而这些内容其实就是战略性员工关系管理者应具备的素质与能力。

作为一名战略性员工关系管理者，你的工作能力如何、本职工作是否到位、对关键人才的把握与判断是否精准、哪些方面需要提高等，其实也可以通过这个环节进行验证与反馈。

随着互联网时代的快速发展，企业对组织中所有成员的要求已经产生了变化，成员的需求也变得不同，管理者需要应对的问题更加多样化，因此要求管理者不仅具备问题处理的常规能力，还要具备一颗强大的内心，面对复杂情形时能够淡然处理与化解。所以，一名战略性员工关系管理者必须是位多面手，才能胜任工作的要求（如图2-4所示）。

图2-4　战略性员工关系管理者的胜任特征

1. 思想素质：具有良好的个人品德、荣誉感和奉献精神，事业心强

战略性员工关系管理者需要站在组织的角度去推进各项工作，不论是解决员工间的矛盾与纠纷，还是宣传组织文化或企业文化，都不能只站在本部门的角度，或只是为了完成一项工作任务。员工关系管理者对组织文化要深刻地认同，拥有荣誉感和奉献精神，才能对组织内的员工施以正面积极的影响，才能真正感染员工的内心。员工关系管理者要对组织的业务有深刻的理解，积极参与组织战略与业务的讨论，愿意为组织的发展贡献力量，最终达成组织战略与目标的实现。

2. 心理素质：内心强大，有爱心和包容心，镇静自若，乐于助人成长

战略性员工关系管理者需要面对日常工作中非常琐碎的事情，也会经常有负面的、消极的、非友善的情绪传过来，如果没有强大的内心支撑，很容易受到影响，也可能因此失去是非对错的判断能力。对于需要帮助的员工，员工关系管理者要有发自内心的关爱之心，积极伸出援助之手去帮其解决问题。在面对冲突、矛盾激化等场面时，员工关系管理者不能慌也不能急，要能够克制自己的情绪，稳住双方的情绪，摆事实、讲道理，直到矛盾解决。

小李是某公司的人事主管，他遇到了一个棘手的问题。公司有一位抱怨型员工，总是对公司的制度、工作流程、领导决策指指点点、抱怨不停，严重影响了公司其他员工的工作情绪。小李决定和这位员工聊一聊，化解他的心结。

可是这位员工认定小李是公司的说客，来和他聊就是因为公司对自己报怨的这种行为产生了不满，并且不接受他的抱怨和意见。这位员工一怒之下对小李是脏话连篇，并且与小李产生了推搡。小李觉得太委屈了，不但工作没进展，自己还哭着跑到了领导办公室。领导虽然理解小李的难处，但也对他的心理素质和工作能力产生了质疑，最终撤销了小李主管的职位。

作为战略性员工关系管理者的小李内心不够强大，这样的心理素质不仅不利于员工的成长，也给自身的发展制造了障碍。

3. 能力素质：具有公关社交、互联网创新思维、策划和研究能力，处理危机的能力

战略性员工关系管理者其实也可以称为内部公共关系者，因为面对一个组织及内部的全体成员，员工关系管理者就是一名公共关系的代言人，其一言一行直接影响到组织的态度及员工的行为。在一些重要时刻如公司庆典、重要业务得到突破、团队建设等，员工关系管理者要有非常强的策划与组织能力，还要有超强的执行力与协调能力。在面对内部一些危机时如集体劳动纠纷、劳动官司等，员工关系管理者要有办法与策略去积极应对与处理问题。

4. 知识素质：了解心理学及相关管理学领域知识、熟悉《劳动法》及相关法律法规

战略性员工关系管理者要想建立良好的人际关系、工作氛围，是需要了解一些人性特点的，特别是需要了解职场上不同阶段、不同层级的员工的心理特点，再运用管理学领域的方法、知识，结合组织文化，去进行有效的管理。这其中，员工关系管理者熟悉劳动法及相关法律法规，能更从容理性地与员工进行沟通、交流，规避可能存在的劳动法律风险问题。

凡事预则立，不预则废！特别是在当今互联网快速发展的时代，如果员工关系管理者不能全面且深刻地理解和认识战略性员工关系管理内涵，就无法切实并有效地推进战略性员工关系管理工作，既使有了一些方法与技巧，也不能在实际工作中很好地运用并坚持下去，更难以在工作中逐步形成工作体系。所以，解读篇的内容为做好战略性员工关系管理工作打下了坚实的理论与思想基础，从管理意识层面上树立了坚定的信念，即先知晓是什么、为什么，再去探究怎么做、如何做，让战略性员工关系管理在组织中形成良性的循环效应，保障组织的战略与个体职业目标的实现，确保组织的可持续发展。

六步搞定战略性员工关系管理

　　从这部分开始，我们就要上"真刀实弹"了！通过学习解读篇的内容，我们已经对新经济环境下的战略性员工关系管理的"精、气、神"有了比较充分的认识。接下来是让这些"精、气、神"呈现在组织环境、组织管理和组织成员身上的时候了！只有发挥它的"魔力"，"活力"才能真的到来，战略性员工关系管理才能真正为组织、团队与个体成长贡献价值。

第三章
第一步：构建战略性员工关系管理工作体系

要想高质量地完成一项工作，需要指导性的思路与规划类的纲领指引。战略性员工关系管理涉及组织管理的各个环节，是一项持久性的工作，要与组织的发展战略保持一致，因此构建一个工作体系非常重要。

第一节　认识战略性员工关系管理工作体系

实践中，一些员工关系管理者容易投身于员工关系管理的具体工作中，却无法从这些工作中跳出来看到当初实施该项工作的意义与价值，时间久了就会逐步丧失工作的动力。在此，作为一名无数次陷入泥沼又无数次跳出的过来人，我的感触是：始终要知道为何而做、如何去做，而不是闷头去做，特别是在当今快速发展的时代，这一点更为关键。因为"选择大于努力"，只有选择做正确的事，才能正确地去做事。

战略性员工关系管理工作体系是指导组织中所有"员工关系"相关工作能够切实落地的总纲，也是在执行过程中处理好员工关系管理工作的依据及对遇到的问题进行有效解决的关键保障。该管理工作体系的实施要有各级管理层及组织各项资源的支持，如工作环境资源、经费资金、合作资源等，同时在责任分工、工作流程及工作内容等方面也要非常明确（如图 3-1、图 3-2 所示）。

华为现在可以说是国产手机品牌的领军企业，华为能取得今天的成就，是二十多年艰苦努力的结果，也是它肯在员工关系管理方面下大力气的结果。

华为的员工队伍比较庞大，它的员工来自世界各地，是一个多元化的员工大家庭。能够让这么多员工都积极投入到工作当中并不是一件简单的事，华为之所以能够做到这一点，就是因为它在员工关系管理方面做得比较好。

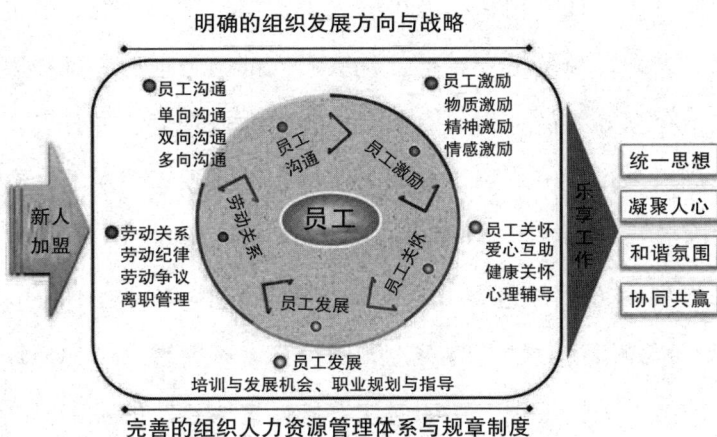

图 3-1　战略性员工关系管理体系

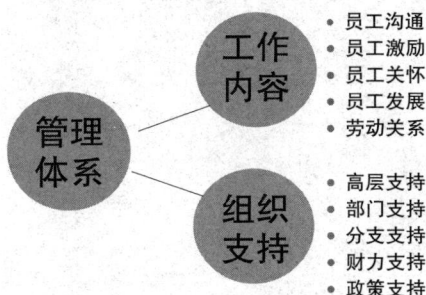

图 3-2　战略性员工关系管理工作体系图

　　华为注重给员工提供比较好的工作环境及比较好的福利，除了物质激励之外，华为还会在精神层面激励员工。华为还会给员工多渠道的晋升通道，让每一个员工都有机会提升自己的价值。

　　正因为华为注重和员工关系的建设，并坚持以人为本的思想，所以华为的员工才会干劲十足，华为才能飞速发展。

战略性员工关系管理体系具体分为四个方面：

1. 组织资源方面　包括组织中的人力资源、物力资源、财务资源及合作资源。人力资源是指领导层、各级用人部门管理层和各级人力资源与员工关系管理等人员；物力资源是指各类办公环境、办公设备与物品等；财务资源是指员工薪酬、福利、支持资金与预算费用等；合作资源是指组织内部及外部各类合作机构、合作专家及顾问等。

2. 工作内容方面　包含五点，即"如何让沟通无处不在"的员工沟通管理、"如何让激励随时发生"的员工激励管理、"如何让关怀深入人心"的员工关怀管理、"如何让发展促进成长"的员工发展管理、"如何让和谐成为主调"的劳动关系管理（如图 3-3 所示）。

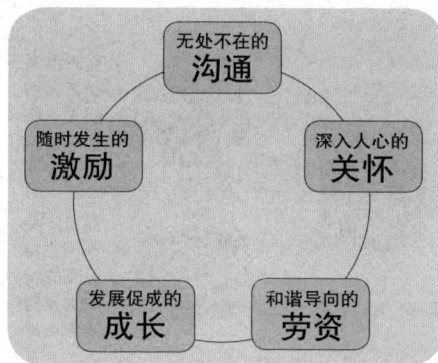

图 3-3　战略性员工关系管理体系的工作内容

在具体实施过程中，可结合本组织的特点与实际，基于以上的总体工作体系，灵活地统筹安排相关资源与工作计划，始终坚持以组织文化与战略发展为导向。

3. 责任分工方面　由组织中最高管理层统筹，各级部门管理者（含人力资源管理部门）配合执行。执行过程中，由人力资源管理部门牵头组织，制订规则，负责培训，其他各部门配合执行。对于集团化公司，各下属或分支机构由所在单位的人力资源部门负责牵头组织，在执行过程中，遵从集团制定的原则与政策。

4. 工作流程方面 小规模的组织可先从沟通开始，逐步深入；大型的规范化公司可一并进行，即沟通、激励、关怀与发展同步。在遇到劳动关系纠纷时，要根据具体情况重点采取沟通与关怀方式，以从根本上化解矛盾。

不管在业务方面还是管理方面，"大而全"并非现代组织发展的趋势。但要实现"短而精"，一定要有通盘的考虑，最终决定取舍与管理的节奏。故此，在战略性员工关系管理工作体系建设方面，要结合新经济时代下知识型员工的特点、分析本组织的实际并运用一些心理学方面的知识，才能真正实现高效率与良好效果。

第二节　新经济时代员工的特点及管理特征

　　毕业于北京某高校的小张属于职场上的"新新人类"，在某高科技上市公司研发部工作。虽然小张能够胜任工作要求，也具备一定的潜力，但因其比较有个性，所以在工作中很少与同事交流，工作任务向来是一个人承担并完成，寻求同事配合的情况很少，主管也因此逐步减少了对他的关注，只是一味地给他安排工作并关注结果。时间一久，小张感到了一些心理压力，在工作中偶尔也表现出懈怠，有些工作有不能按时完成的情况。

　　某年度绩效考核结果出来后，主管直接告知小张被解聘了，让其按规定去找人力资源部门办理工作交接手续。小张立即表示不同意，随后找到公司相关领导、人力资源部门负责人等进行理论，要求公司给出解聘理由，且给予足够的补偿。此事在公司内部引起了不小的风波，小张聘请律师主张权益，最终以走到法院一审而结束。

　　案例中，小张作为"新生代"职场人士的代表，彰显了独立、自我的个性。主管对其少有关注，使小张并没有完全融入到团队中，而是成了一位我行我素的员工。其实，这类员工往往因为拥有较高的个人素质，所以内心想法与创造力非常丰富，很渴望在工作中得到及时的反馈（肯定的或不足的），而不应放任不管。当然，针对这一类型的员工，管理中要事先明确工作标准，并规定工作进展的反馈机制（方式、时间点等），过程可以允许犯错误，届时及时给予纠正即可。

新经济时代，随着互联网的迅速发展和移动终端便捷程度的不断提高，员工获取各类信息的速度在不断加快，所以这个时代中张扬的个性和活跃的思维往往是员工共有的特征。在管理方面，管理者需要顺应这一需求，从人性关怀及尊重的角度多与员工互动，听取他们的意见，并选择性地采纳；同时给予他们更多的机会与空间，发挥他们自身的优势与特长，鼓励他们积极配合身边同事，工作上多寻求身边资源的支持，与他们共同成长。虽然有时候他们的阅历与经验不足，但只要方向上没有问题，就应该允许他们去尝试甚至犯错，因为他们如果在工作中有这样的经历，不仅会获得成长，而且会对工作产生责任意识，同时也会增强对组织及管理者的信任感。

针对这些特点，我们在规划战略性员工关系管理工作体系时，除了建立并健全规则与制度外，还要考虑并设计出与流行和时尚相结合的环境、氛围，让员工相互间的沟通更灵活、激励更有创意感、个人成长更能体现价值。

第三节　心理学在战略性员工关系管理中的运用

　　基于新经济时代员工的个性特点、成长环境及个人所接受的教育程度等，我们作为管理者（包含人力资源管理工作者），不能仅满足于沿用过去的制度式管理，而应该设定一些人性化的规则，创建一种良好的工作氛围，让员工在此环境中发挥自身特长。其中，员工的良好心理状态是做好本职工作的关键。所以作为管理者，我们不应是去具体教员工如何做，而是去辅导员工应该在什么样的心理状态下工作，这样员工的工作效率才会得到提升。

　　"领导，我已经尽力了！"员工关系管理者小秦含着眼泪面对领导的严厉批评，这眼泪中有委屈、有辛酸，更有对抗。对于这次不成功的员工活动组织工作，小秦在最开始的时候因为工作安排等原因热情就不高，故而没有及时获取管理层的支持。在准备过程中又因为同事间配合度不佳，遭受了领导的批评。导致这种结果，员工心理因素占据了重要位置。在心态不佳的情况下，小秦很难有工作热情，同时，工作过程中也没有创造性。

　　做好本职工作是一种基本的工作技能。管理者只有主动关心员工的心理，帮助员工把心态调整好，员工才会自发地认真工作，并在工作中不断思考。如果管理者只是对他们说教，而不注意他们在心理方面存在的障碍，就无法取得好的管理效果。

1.建立战略性员工关系管理工作体系时，要考虑到员工心理

在建立战略性员工关系管理工作体系的过程中，管理者要将员工心理在工作与生活中可能产生的影响考虑进体系工作的安排中。从预防心理问题到发现并解决心理问题，管理者要有前瞻性的思考与规划，如设立健康心理的相应课程、组织有益心理健康的活动及开展心理学书本的学习和分享等。

2.确保充分沟通并保证制度公平

"我已经和员工沟通得很充分了，但他们为什么还是不能理解呢？"这是我们作为员工关系管理者经常会自问且烦恼的问题。其实这与管理者的心理有关，不要认为沟通了自然就没问题了。因为沟通时管理者和员工所处的角度、环境、心态等都可能不同，难免存在理解层面上的差异。此时我们一要检视自我，调整自我心理，二要检视规则，即制度与政策，因为员工问题的产生往往与组织的管理规章是否公平有关。

此时，战略性员工关系管理者要站在组织的角度来看待问题，不能被员工的一面之词所影响。或者说，员工有一些不同的想法是可以接受的，但管理者要始终坚定原则与方向。

3.战胜员工心理上的"抗衡力"

战略性员工关系管理者在具体推进员工关系管理政策时，要与员工

在心理上进行"抗衡"，因为不排除一些员工在执行某些政策时会存在逆反心理。此时管理者不应该直接面对员工的这种心理，而要抓大放小，把握总体局面，逐步弱化逆反群体，小群体最终也只能接受大的潮流。如果开始只抓小群体而忽略大局，就会让形势越来越糟，所以管理者要注意从心理上打赢员工的"抗衡"。

第四节　构建适合的战略性员工关系管理工作体系

"领导，这是我收集并整理的知名企业员工管理与激励办法，还有许多具体的操作细则，我们可以直接使用的。我也结合自己此前的工作经历，作了一些思考，应该是可以的。"这是我曾经在一家初创型公司（现已是上市公司）工作时一位同事给我的建议。当时为了不打击该位同事的工作积极性（我肯定了他主动积极的工作态度），让其按自己的思路并结合收集过来的素材进行尝试操作，过程中我也不断地给出指导意见。半年后，我们再次沟通当初的方案并进行了总结，结果发现，虽然实施了知名企业的做法，但效果并没有达到预期，最主要的原因是当时没有深入分析本企业的人文环境与可能会遇到的问题。

别人家的最佳实践并非完全适合自己，因为人不同、环境不同、倡导的价值观不同、组织的性质不同。对于别人的成功经验我们可以参考，换一种方式来开展。比如，月度员工生日会活动在知名企业可以做得非常高大上，场地、环境、人员规模都可以支撑，但在小型或初创型的组织里，这样做不仅会显得与组织的层级不符，而且会让员工感觉是在作秀，员工的参与积极性和活动效果自然会大打折扣，负责组织的人员也不会有太多的激情来持续去做这样的事，但此种做法我们是可以参考的。为了达到关怀员工并感动员工的效果，我们可以组织带有创意性质的生日会活动，现场布置及活动前的温馨祝福等可由月度生日的员工亲自参与组织。或者集中过生日，而且是在员工生日当天进行私人定制，这样既能保证活动的及时性，也能给足当事人面子，同时也能节省费用，效果一定非常好。

当然，管理者在实施员工关系管理项目时，也要关注组织中人员的素质与个性特点，要考虑员工的接受度与参与意识等问题，一定要让受众主动接受，如互联网时代下的粉丝效应、众筹机制、互动社交等。

在组织中开展战略性员工关系管理工作，也需要依据组织的实际现状与倡导的文化来进行。当然，每个组织的发展模式、发展阶段、所处行业、所处环境及员工特点不同，所采用的管理工作体系也应有所调整，但总体原则不变。只有在适当调整的基础上，结合组织的实际与发展阶段的员工关系管理工作才是最适合组织发展需要的，不能一味地照搬其他组织的做法。

互联网、高科技类的公司更强调员工工作的创新意识，在工作氛围方面更要求轻松、活跃，所以沟通与激励在该体系中的位置更加重要，且要求各级管理者在某些方面能够打破界限，灵活配合，共同实现目标；制造业与生产型公司更强调员工工作的严谨性，不能轻易地突破层级，要严格按流程做事并进行工作结果检查，所以在员工关怀与劳动关系规范方面是重点。当然，同类性质的组织因发展阶段不同，也会在战略性员工关系管理方面有所侧重，如起初以规范员工行为（含激励与奖惩）为主，后期逐步强调人性化关怀和各类沟通渠道的建立。

曾有许多同行向我求教战略性员工关系管理的方式与方法，其实探讨与分享是没有问题的，因为这些方式方法是可以借鉴与参考的。但实际上有许多同行探讨后直接把我的方式运用在了其所在的组织中，并未考虑到我运用这些方式的背景、组织管理现状与文化倡导等因素，结果吃力不讨好，花了时间与精力却并未得到领导的认可，更谈不上有实质性的效果了。所以，组织在开展战略性员工关系管理工作时，我们作为主责与推进者，要把握大的方向、吃透组织的文化、了解组织的战略与业务，同时多去倾听组织中不同成员的意见与反馈，经过汇总与分析后有节奏地、灵活地实施，过程中不断地总结并逐步形成体系。当然，发现有需要调整的地方要果断进行调整，不能一意孤行，更不能千篇一律。

第四章
第二步：让沟通无处不在：战略性员工关系管理之魂

　　一名战略性员工关系管理者为了创建互利共赢局面，把超过80%的时间用于沟通是正常的。除办公室、会议室这些正式场合外，楼道、走廊、电梯、接待室、茶水间、班车上等非正式场合的沟通也非常重要，微信、微博、社区、邮件等形式也要作为非常重要的线上补充。

　　本步骤将全面阐述员工沟通的价值、员工沟通的方式和员工沟通效果的保障。

第一节　构筑全方位的内部沟通渠道体系

要想让沟通真正有效果，除了有针对性地沟通方式外，更重要的是沟通系统的构建，同时双方要认识到沟通的真正价值。本节将阐释在构建沟通渠道体系时需要考虑的四个关键点，即沟通的价值、沟通的内容、沟通的时间和沟通地点。

1. 经常沟通的价值

在我的工作中，有近70%的时间是在与我的客户（全体员工）进行沟通，沟通对象有高管、中层管理者、基层管理者、普通员工，沟通内容有管理方式、领导力、工作状态、新人引进、奖惩结果、企业文化、职业规划、抱怨投诉、劳资纠纷、情绪压力等。每天的大量沟通不仅传递了组织的管理思想、文化导向及要求，而且化解了许多的矛盾、冲突。我们的沟通对象是有感情、有情绪、有不同个性的人，而不是被动给予指令的物。

一位新晋的部门经理向我诉苦说，在没有担任部门经理之前他觉得要做的具体工作很多，经常加班，身体也累；任部门经理之后，具体工作减少了，心却很累，因为除了要关注部门整体的工作进度，还要关注每个人的内心变化，稍有不慎就会出现工作配合问题、工作效率问题、工作质量问题。总之，虽然工作量少了，但心理压力却大了。我告诉他，这正是他作为管理者要解决的一个重要问题，就是思想意识要转变，要经常保持与团队成员的沟通。

另一位业务部门的经理气哼哼地找到我说："真不知道现在的年轻人是怎么想的，明明我的要求非常明确，而结果总是很不理想，可他反而觉得自己做得很好。还有两位'90后'也是这样的！"在我首先表示理解与同情的情况下，我问这位经理在工作任务安排前与员工之间是否有比较充分的沟通，他的回答是肯定的。接着我问："对方真的领会了你的要求吗？是否让对方复述了一下工作要求呢？同时，在工作过程中有没有及时关注、沟通、支持等动作呢？"这位经理此时仿佛明白了。

现实中，组织或团队成员来自五湖四海甚至世界各地，不同的背景、经历让大家有缘走到了一起。大家所理解的组织目标虽然是相同的，但个人目标却不尽相同。这时需要管理者通过大量的融合行动，逐步让大家有共同理念与言行方式。所以，如果仅仅把沟通当作一种信息传递的方式是远远不够的，因为这只是基本的要求，沟通更重要的是思想的交流、达成一致的共识，一定要和而不同，而不能同而不和。

当然，很多时候沟通是非常灵活的，一个手势、一个眼神、一句调侃、一声问候都是在传递一种信心、一种精神、一种思想。把握了这些，不仅让整个组织或团队更有凝聚力，而且可以让成员更能明确工作价值与方向，进而让组织的战略有效落地执行。就拿创业公司来说，起初成立时境况没那么好，特别需要管理者就组织的使命、愿景与员工进行沟通，让大家心往一处想，认知到只有克服眼前的困难才能成就更大的梦想。

良好的沟通达成的结果是：一个好的员工成就一个岗位、一个好的管理者成就一个部门、一个好的部门成就一个好的公司。如同新人入职都有一个试用的过程，来帮助新人和组织之间达到最佳的磨合效果。沟通也需要一个过程，而且要持续、频繁，让不同的角度、不同的理解、不同的背景的沟通双方最终达成共识。所以，在战略性员工关系管理中，与"内部客户"的频繁沟通尤为关键。

2. 沟通哪些内容

早上刚到办公室，部门同事告诉我说，有个人要找我谈点事，但此人并不是公司的员工。带着疑惑，我与其进行了沟通。经了解得知，她是公司一位技术骨干的前妻，因为孩子抚养费的问题找到公司，希望公司能帮其推进解决。虽然是属于员工家里的事情，但如果不能很好地帮其解决，可能会影响那位技术骨干的工作状态与情绪。随即我找了这位技术骨干及其领导，了解了情况，经过沟通后顺利解决了问题。刚解决完，另一位员工又因不满上级领导的工作安排产生了抵触情绪，双方闹得不可开交，无法正常开展工作。经向双方了解，他们之间的问题只是对一些日常工作的理解角度问题，日积月累地产生了一些思想上的分歧。沟通中我告诉他们作为上级要宽容一些，作为下级要积极一些，在工作目标一致的前提下，最终双方都做了一些让步与改进，结果后来整个部门的工作氛围改变了，既融洽又温暖。

可见，战略性员工关系的沟通更强调健康、高效、精诚合作的工作氛围。日常工作中，更多的是对工作方法、工作目标、工作情绪、矛盾冲突、心态心理、职业规划、劳资关系等内容的沟通。这些内容的沟通，一定是一种情感的交流、心理上的互动，认真听取对方内心的声音与诉求，而不是去说服对方或一直辩解，再者要力求客观与全面，避免片面与主观。

3. 最佳的沟通时机

什么时候沟通最合适？对于这个问题的回答是：任何时候。开心时、郁闷时、纠结时、发火时都要进行沟通，因为我们的目的很简单，让工作氛围更健康、更高效，不因任何情况而受到影响。员工情绪积极时，我们要想办法让其保持，而且要知道这种情绪的来源，如工作得到认可、工作推进顺利、工作伙伴们关系融洽等，要及时沟通并表扬为此付出努力的人（员工本人、同伴或上级）；员工情绪不佳时，我们也要及时发现、了解并沟通，避免消极情绪的蔓延，让员工尽快恢复身心健康。有时候员工的情绪不佳，只是因为一句话、一个传言，我们对其及时予以疏导即可。

当然，在员工发展的不同阶段，沟通也要及时，如新员工、转正时、转岗时、考核时、离职时，千万不能想当然或临时抱佛脚，要发现最佳时机，及时迎头赶上，一定要沟通，而且要不止一次地沟通。如某员工离职，在其办理离职手续前要告知与其工作关系紧密的人，让他们有心理准备并注意配合其离职的交接，在交接过程中的任何环节中我们都要及时了解其进展情况，保证"善始善终""不报怨、不结怨"。

4. 最好的沟通地点

如果问哪些地方最适合进行战略性员工关系的沟通，我的回答是办公室或会议室以外的地方，可能是茶水间、办公区外走廊、大堂，也可能是公司外面的咖啡馆、午餐厅、酒吧，甚至是网络社交平台，因为这些地方更能让人放松下来，也更容易说出心里话。一次，一位女员工的情绪极其不佳，那段时间她的工作量及压力都比较大，加上别的部门配合不顺利的情况，她就有负面情绪了，与同事的口角及小冲突不断。面对这种情况，我及时找到了她，一起午餐并喝咖啡，起初并没有谈太多工作上的事情，慢慢地她认识到产生问题的根本原因不完全在于他人，也有自己的原因，我顺其自然地与其分享了情绪压力方面的处理方法，最终引导她非常积极地去处理好工作上的各种关系。

当然，有些沟通是需要在办公室或会议室进行的，因为需要明确公司管理规章、纪律要求等，在办公室或会议室沟通会显得更为正式、严肃，也会让对方的印象更为深刻。

第二节　建立组织内良性的互动沟通渠道

　　通常来说，最有效的沟通方式是面对面的沟通，但在互联网快速发展的今天，许多沟通并非是面对面进行的，社交平台及社交聊天工具为沟通增添了许多新的方式。不论是面对面沟通还是网络界面沟通，沟通都是讲求互动的，互动式沟通也是最为有效的，它摆脱了传统的单向或自上而下的沟通方式，让沟通各方处于平等地位进行沟通，信息也是交互且共享的。在全方位的组织内部沟通渠道体系的指导下（如图4-1所示），依据战略性员工关系管理要达到的目标性要求，结合互联网时代沟通的特点，在组织中需要建立与运行各类沟通渠道的机制并进行强化，并在实际运用中进行灵活地调整与穿插，以实现各类信息的交互与共享。

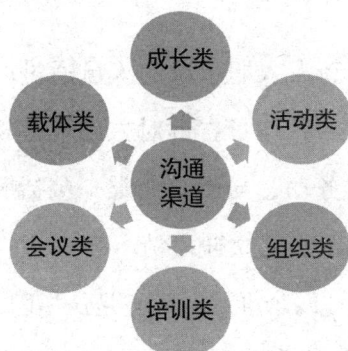

图 4-1　组织内部员工沟通渠道

　　每种方式的沟通渠道都有其自身的特点与价值，下面从建立目的、建立方法及实施要点三方面阐释主要的几种沟通方式，以帮助大家在本组织中创建高效良性的互动沟通渠道并使其实际运行。

1. 成长类沟通

成长类沟通有八个阶段特征，具体如图 4-2 所示。

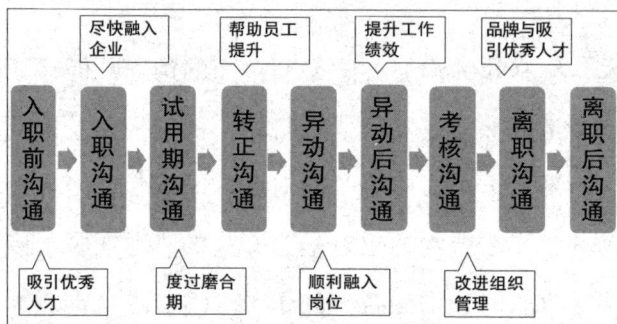

图 4-2　成长类沟通阶段图

（1）入职前沟通

建立目的：让即将入职的新员工进一步了解公司，增强对公司的荣誉感、信任感。

建立方法：由负责新人入职手续的人员通过电话、邮件、微信等渠道与待入职员工进行沟通，除了告诉对方准备常规的入职材料外，还要与其分享近期组织的业务动态与所获荣誉，包括所在部门的业务情况，同时表达对其即将加入组织的欢迎之情。

实施要点：要做到"两个准确"：一是从招聘人员那里获取准确的新员工信息及有关情况；二是向新员工传递的组织及所在部门信息要准确。

（2）入职沟通

建立目的：帮助新员工熟悉组织工作环境、认识组织重要管理层人员，同时让其知晓入职当天及接下来的一些主要安排，消除新员工的心理顾虑。

建立方法：通常由战略性员工关系管理负责人与其入职指导人共同完成。由战略性员工关系管理负责人在与其沟通组织整体情况及工作环境后，该员工的入职指导人会与其沟通所在部门的团队情况、业务情况，最后再共同沟通下一步的工作安排及新员工应该做的准备等。

实施要点：共同的沟通要顺畅且准确。此阶段是新员工对组织进行打分的重要时刻，也是考验组织内部流程是否规范的关键。沟通责任人之间要事先充分沟通，精诚协作，高效完成对新员工的入职指导。

（3）试用期沟通

建立目的：及时了解新员工工作绩效情况、适应组织环境情况、人际关系是否良好及工作设备是否有新的需求等。

建立方法：通常在新员工入职后两周或一个月内进行，战略性员工关系管理负责人与新员工进行一次面对面的沟通（沟通人可依员工职级而有所不同），并做好沟通纪要；其直接上级领导也要与新员工进行正式的沟通，而不是日常工作中的工作指导沟通。

实施要点：沟通前了解并掌握试用员工的工作进展情况及在组织工作中的适应情况，保证沟通内容的客观与全面，以便将问题在沟通时一并解决。

某公司研发部门因新增产品线招聘了一名新的部门经理，希望通过这位部门经理提升一下团队整体工作氛围，同时有效推进新的产品线顺利实施。在新人到岗的第一天，员工关系管理负责人便安排了部门全体人员的见面会，会上所有研发部的员工都进行了自我介绍，同时对新的工作任务提出了自己的想法与建议，让新来的部门经理不仅对每个人的情况有所了解，而且对他们的能力也有了初步的判断。随后，每周周五下午，员工关系管理负责人会抽出一小时左右的时间与新人进行沟通，了解其在工作推进中遇到的困难和需要的支持，同时了解新人在此过程中的融入情况。在经过近两个月的沟通后，员工关系管理负责人完全掌握了新人的情况，并给予了文化、工作方式、工作资源等各方面的支持，同时新的部门经理也在此过程中逐步感受到组织对人才的关注，也非常顺利地融入到团队及组织中，取得了非常好的业绩，让新的产品线顺利上线，而且自身也获得了提前转正的机会。

试用期一定要与新员工进行沟通，这样更有助于其融入公司环境。

（4）转正沟通

建立目的： 综合考评新员工在整个试用期的表现，判定其是否将正式成为组织中的一员，并给予其进一步的职业发展意见。

建立方法： 由战略性员工关系管理负责人与员工的直接上级共同完成，即依据新员工转正考评表，逐项对新员工在试用期间的所有表现进行考评，决定是否转正、是否延期等情况，同时给予其下一步的工作指导意见。

实施要点： 客观与综合。管理者要对新员工的真实表现进行客观评价，不能先入为主（如组织为先导），要考虑新员工的特殊性、个性特点等；同时评价结果要综合进行，不要仅将一两项评价项目作为决定性因素，当然，每项指标的权重应有所不同。

（5）异动沟通

建立目的： 让员工了解并理解异动背景，知晓异动程序及因异动而改变的事项（如工作地点、工作时间、工作岗位、薪资福利等），消除员工顾虑。通常异动的情况为调动、转岗、派驻等。

建立方法： 由战略性员工关系管理负责人向异动员工介绍异动情况

（背景、程序、异动后部门及工作），组织现任部门及异动后部门的负责人一起与该员工进行沟通，前者介绍员工工作表现及个性特点，后者介绍员工工作环境、工作安排、工作要求等。

实施要点：准确且及时。异动信息一旦确定，相关管理者要及时与异动员工进行沟通，同时这些信息要准确地体现在异动程序上，并进行相应的书面确认。

（6）异动后沟通

建立目的：让异动员工及时了解异动工作结束后的安排（主要是工作交接及时间安排）及变化的事项，如工作岗位、职级、薪酬福利等。

建立方法：由人力资源部门向异动员工介绍后续的程序安排，并沟通因异动而产生的变化，同时组织双方部门的负责人一起沟通，明确下一步的工作安排。

实施要点：准确且及时。异动信息一旦确定，相关管理者要及时与异动员工进行沟通，同时这些信息要准确地体现在异动程序上，并进行相应的书面确认。

（7）离职沟通

建立目的：通过沟通，了解员工离职的真实原因，听取其对部门管理、组织发展方面的建议，以便在组织管理与组织人际关系方面进行改进。

建立方法：首先要选择适合沟通的轻松的环境，消除将离职员工的不良情绪和顾虑；然后是管理者的沟通话题范围要限定，提问方式要简洁，沟通时长约为20～40分钟，并做好记录；最后应做好沟通总结与分析。

实施要点：一是消除离职员工对组织及公司人员的意见和因此产生的不良情绪，顺利且全面地交接工作；二是稳定现有团队成员情绪，避免负面消息的影响。

（8）离职后沟通

建立目的： 保持与离职后人员（正常离职且对组织有贡献且认可的人才）的联系，及时了解其工作情况及动向，在组织内部人才库对其情况进行时时更新，并找合适的时机邀请这些人员返回到组织。

建立方法： 由战略性员工关系管理负责人通过电话、邮件或其他便捷方式与离职后员工保持联系，重要节日或特殊日期（如司庆日、上市日等）邀请其参与相应活动，使其感受原组织带来的关怀，增强其作为原组织成员的荣誉感。

实施要点： 人才界定及沟通方式。并非所有离职人员都值得组织去关注并跟踪，要综合离职员工的情况进行选择；沟通时注意不要影响其新的工作，提供组织信息时要考虑竞业保密性。

2. 组织类沟通

组织类沟通有六种类别形式，具体如图 4-3 所示。

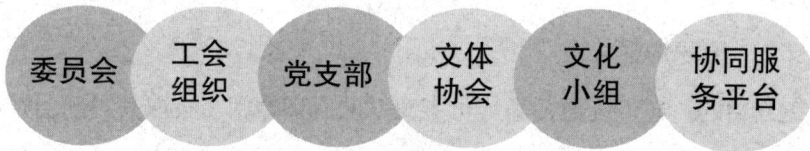

委员会　工会组织　党支部　文体协会　文化小组　协同服务平台

图 4-3　组织类沟通类别图

（1）成立委员会

委员会是为解决某一类问题而成立的跨部门的组织形式，这种组织形式是松散型的，或随着问题的解决而逐步消失，或逐步规范并发挥日常基本功能，助力于组织发展与管理的需要。常见的委员会形式有薪酬与绩效考核委员会、人力资源规划委员会、员工关怀委员会、项目管理委员会、技术研发委员会等。

①**薪酬与绩效考核委员会**

目的：规范组织中重要的薪酬调整与绩效考评，如年度调薪方案、年度绩效考评与奖金发放方案等。

方法：由专业部门（如人力资源部、项目管理部等）发起申请，由组织最高负责人提名，成立某某委员会，并依此制定规章；全员公示委员会成员及规章；不定期组织召开会议，对重要事项进行研讨并表决；形成会议纪要并将纪要结果进行公告与执行。

要点：管理委员会成员与结果执行。委员会的成员组成将是有效解决问题的关键，所以最好由不同职能方向的最高负责人组成；每次形成的重要决定要及时并有效地进行落实，并将结果反馈给全体员工，这是委员会能够持久存在并发挥作用的重要保障。

②**战略人力资源规划委员会**

目的：及时传递公司的管理战略和业务战略，同时给出人力资源管理与战略有效结合的方案思路与实施计划。

方法：由人力资源部门发起申请，由组织的最高管理者担任主任，各业务部门的管理者作为成员，讨论与战略执行有关的人力资源管理方案与计划。

要点：委员会的最高领导者的确认；讨论主题的时效性。

③**员工关怀委员会**

目的：弘扬企业文化，加强员工关怀工作力度，规范员工关怀工作机制，监督员工关怀工作执行到位。

方法：由人力资源部门或战略性员工关系管理部门发起申请，由主管人力资源工作的最高负责人提名，成立委员会，并依此制定规章；全员公示委员会成员及规章；不定期组织召开会议，对重要事项进行研讨、表决并审核年度员工关怀规划方案；形成会议纪要并将纪要结果进行公告与执行。

要点：讨论的主题要非常有价值；问题讨论后要执行到位。

（2）工会组织

作为一种法定组织形式，工会既保障员工利益，又帮助组织发展。所以，组织中成立工会组织，不像成立委员会那样简单，不论成员还是程序都要经过严格的法律程序，对组织中的相关负责人员也要经过严格的资格审查才能正式任命，而且同时担任职务是有一定期限的。

目的：维护全体会员即员工的合法权益，督促组织规范各种规章，同时协同组织发展，做员工与组织间良性沟通的桥梁。

方法：按工会相关法规规定的政策与程序，成立工作筹备组，然后吸纳会员、选出相关负责人并成立工会班子等；按规定提取工会经费并开展系列活动；定期召开会议并总结工会工作，形成纪要，公示全员。

要点：按工会法规的规定及程序、要求，建立并运行工会组织。

（3）党委/党支部

目的：在上级党组织的领导下开展工作，为本组织中的党员员工提供服务，宣传党的思想。

方法：按上级党组织的相关规定，成立党支部或党委，宣传党的政策、思想；在企业组织的重要活动期间，协助宣传与执行工作。

要点：按党委或党支部的相关规定程序与要求，建立并运行企业党支部。

（4）文体协会/俱乐部

目的：丰富员工业余文化生活，保障员工身心健康，提升团队凝聚力与员工归属感，规范员工文体活动管理。

方法： 由战略性员工关系管理部门拟定方案并发起成立协会或俱乐部的申请；建立协会 / 俱乐部管理规章并公告全员；征选各主题（球类、健身类、摄影类等）协会 / 俱乐部的发起申请并审核，同时确定负责人；各协会 / 俱乐部向全员招收会员并建立本协会 / 俱乐部规章；积极开展协会 / 俱乐部活动，并不定期提供活动总结至战略性员工关系管理部门。

要点： 协会 / 俱乐部负责人人选及活动组织数量。前者是决定该组织能够良好发展的关键，协会 / 俱乐部负责人一定要是非常热心且在活动组织方面很专长的人；后者是决定该组织能否持久的关键，经常组织活动可以吸纳更多的会员，也可以得到组织的支持与关注（含经费上的支持）。

（5）文化小组

目的： 根据组织的企业文化总体建设方案，推进企业文化建设工作在部门级群体中的具体贯彻与落实。

方法： 根据组织的企业文化建设总体方案，申请成立部门级的企业文化小组；企业文化小组拟定部门级企业文化工作计划并提交战略性员工关系管理部门审核；实施部门级企业文化计划并提交工作总结。

要点： 成立企业文化小组的部门要具备一定规模或者是组织中的重点业务单元；文化小组的负责人为部门的最高负责人。

（6）协同服务平台

目的： 顺畅员工办事程序，提高员工办事效率，提升员工对组织规范性的认识、意识及荣誉感。

方法： 拟定建立协同服务平台方案并通过审批；组织召开协同工作会议，明确各自权责与服务范围；建立协同服务平台（物理环境上的）及机制（规章、流程）；开放服务。

要点： 协同服务平台的机制与日常服务规范，涉及职能有人事、行政、法务、财务、网络信息化（IT）等。

3. 载体类沟通

沟通的载体包括内部刊物、墙面展示、互联网平台、视频宣传片、公告等。

（1）内部刊物

内部刊物主要有电子刊物与印刷刊物两种形式，两种刊物在工作中是交替使用的，具体形式如内部报刊、员工手册、企业文化手册、手机快讯、微信公众号、官方微博、宣传海报、员工工卡、员工风采台历（企业风采台历）。

①内部报刊

目的：内部刊物是组织常用的宣传载体，以宣传组织文化、战略思想及员工成长记录为主，配以员工风采展示，以此增强员工组织荣誉感、忠诚度（如图4-4所示）。

方法：首先负责人要充分听取上级意见，形成初步报告后，广泛征询员工意见；然后形成方案上报最高管理层审批并筹备编辑队伍；最后依据方案编稿、审核、印刷、发行。

图4-4　内部报刊展示

要点：内部报刊是否有效并能够坚持下去，获得两类群体的支持很重要：一是得到各级管理层支持，即多报道与其相关主题（报道管理实践、所在团队优秀成员）；二是得到广泛员工支持，即多提供员工参与机会（参与策划、投稿并支付稿费、积分换奖励）。

②员工手册

目的：入职时人手一份，规范员工工作行为，传递组织管理制度与组织文化，帮助新员工快速熟悉组织（如图4-5所示）。

方法：首先起草方案并经主管领导审批；其次召开专题沟通会（各级管理层与员工代表参加）；最后汇集整理手册内容材料、编辑、排版、出版、发行。

要点：员工手册作为组织内部员工纠纷处理的依据，其制作和使用中要注意两点：一是制定程序合法性，新劳动合同法对此已有明确规定；二是所有内容不能与相关法律相抵触；三是保证所有员工接受员工手册内容培训并有培训记录。

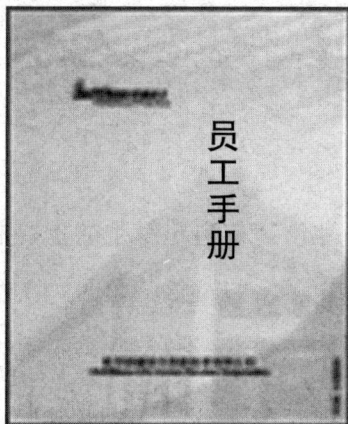

图4-5　员工手册展示

③企业文化手册

目的：宣传组织的核心价值观，树立组织标杆行为，规范组织全体成员的言行举止，增强员工的组织荣誉感（如图4-6所示）。

方法：首先拟定企业文化手册方案并经最高管理者审批；其次全员征集企业文化相关案例（正面的、反面的）；最后汇总案例并编辑、印刷、发行、公告。

要点：该手册在编制过程中要重点关注两点：一是案例内容的真实性（要经过核查）；二是手册排版样式与风格的规范性（要与组织的标识统一）。

图4-6　企业文化手册展示

④微信工作群快讯

目的：及时、简洁地快速传递组织中的重要业务进展与所获荣誉信息，提升员工的组织荣誉感、归属感（如图4-7所示）。

方法：建立全员微信工作群；拟定并编辑重要业务进展及公司相关重要信息；设计并确认信息推广页面；在微信工作群中发送。

要点：编辑公司重要信息时，要考虑与企业文化倡导的导向结合；发送的内容及相应设计要简洁、清晰、明了。

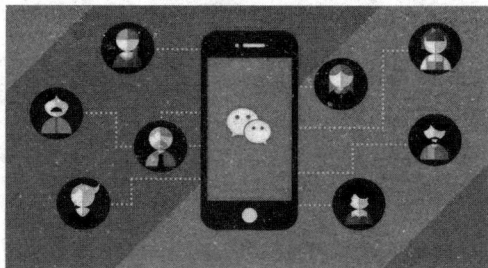

图 4-7 微信工作群快讯

（2）墙面展示

目的： 对内、对外展示公司形象，对外提升品牌知名度，对内提升员工荣誉感（如图 4-8 所示）。

方法： 拟定墙面展示方案并通过领导审批；规划与设计墙面风格并进行相应的装修或装饰；征集内容并设计、印制；张贴或安装上墙。

要点： 设计风格与内容要与组织形象相一致，并经主管领导审批同意。

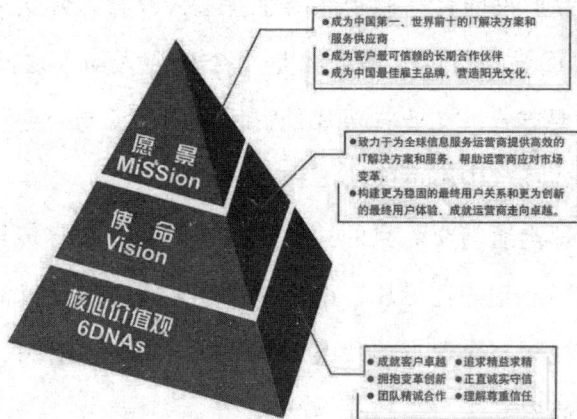

图 4-8 墙面展示图

（3）互联网平台 / 工具

目的： 通过互联网平台及社交工具进行沟通更为便捷，也是员工经常使用的并乐于接受的沟通方式（如图 4-9 所示）。

方法：目前经常使用的互联网平台 / 工具有微信、微博、博客、网络论坛、线上 APP 等。

要点：根据企业发展的不同阶段、不同层级的人员及不同个性特点，选择合适的互联网平台 / 工具。

4-9   互联网平台展示

（4）视频宣传片

目的：在互联网时代，微视频与企业宣传片在人际交流与形象展示方面有着非常重要的价值。微视频是当今社会人与人之间能够随时交流与沟通的重要方式。企业宣传片是宣传企业形象与企业文化的重要渠道，在各种正式场合中不可或缺。

方法：梳理沟通与交流目的；形成微视频与企业宣传片的方案；拍摄与编辑微视频与企业宣传片；审核并审批确认微视频与企业宣传片。

要点：微视频与企业宣传片的表现形式要有趣、有料，同时也要有一定的深度和高度。

（5）公告 / 报告

目的：强化公司的企业文化核心理念，达成全员共识。

方法：公告与报告主要包括阶段性的员工关系事件及不定期开展的员工满意度调查。前者的意义为宣传与贯彻组织的核心价值观，通过员工关系事件（倡导事件、禁止事件）告诉全员什么是该做的、什么是不该做的；后者主要是为了了解组织在管理中存在的问题，每季度或年度进行全员的调查活动，员工通过匿名方式参与填写调查表（内容包括员工对组织及上级管理的满意度、工作建议、对其他部门的意见等）。调查结束后要形成报告，提出改进意见，公告全员。

要点：公告／报告后，都要有具体的改进建议，形成改进计划，明确责任人、改进时间和评估方式。

4. 会议类沟通

会议也是一种有效的沟通渠道，包括：总结性会议、专题性会议、新任领导见面会、员工沟通会、知识分享会、沟通协调会等。

（1）总结性会议

目的：通过召开总结会议，让参与者知晓公司的业务进展及管理中出现的问题，然后针对问题研讨出改进意见与实施计划，便于在以后的工作中逐步完善，最终提升组织整体工作效率和工作业绩。

方法：拟定会议方案；高管层沟通会议方案；确定并审批会议方案；组织会议活动；总结会议并形成纪要。

要点：总结性会议的主要表现形式有年终总结会议、年中总结会议、季度总结会议及月度总结会议。总结的内容应涵盖组织中所有职能与模块。

（2）专题性会议

目的：通过召开此类会议，让员工积极参与到各项公司事务中，献言献策，提升员工对组织的归属感。

方法：拟定会议方案；高管层沟通会议方案；确定并审批会议方

案；组织会议活动；总结会议并形成纪要。

要点：这是组织中经常使用的一种会议形式，可以不受时间与形式的限制，如某项目的实施说明会、某项技术研讨会、新制度与流程座谈会等。

（3）新任领导见面会

目的：沟通内容主要为互相了解彼此的工作方式与个性特点，其次是了解各自的工作内容及工作进展情况。

方法：准备见面会事项（时间、地点、参加人）；与上级沟通见面会内容与形式（发言顺序等）；组织见面会活动；总结见面会会议纪要。

要点：不管是空降领导还是新晋领导上任，为了及时与所主管部门的员工互相认识并增进了解，同时让员工及时了解新领导的特点与工作方式，进而让今后的工作配合更默契，人力资源部门需要在第一时间组织双方的见面沟通会。

（4）员工沟通会

目的：及时了解员工心声，解决员工在工作中遇到的普遍性问题，由人力资源部门于每季度组织一次员工沟通会（如图4-10所示）。

方法：如每季度的最后一个星期五下午由人力资源部组织高层管理人员与各部门基层代表的畅谈沟通会，每期畅谈沟通会参加的基层代表原则上是各部门员工轮流参加，会上应畅所欲言，使员工将自己对公司的想法、意见及不满反映给高层领导。会后由人力资源部门总结会议纪要并逐步落实员工所提出的问题。

要点：沟通会的员工代表要有普遍性；沟通会后，要逐项落实并跟进会上所提到的问题。

步骤	时间	工作项	具体事项
1	会议准备 （25日—2日）	确定会议时间	确定每月第一周其中一天上午一个半小时作为会议时间
		邀请领导	邀请CEO或高层管理者，根据其时间调整会议时间
		员工代表征集	邮件方式向事业群征集参会员工代表（尽可能覆盖多级别、多岗位的更多员工参与）
		会议室预订	按照会议时间，提前预订会议室
2	会议组织 （3日—4日）	员工代表确认	邮件、电话等方式确认参会代表当天出席情况并及时进行人员调整，并告知会议时间、地点，提醒准时参加
		签到表确定	根据已经确定的参会代表名单制作签到表
		参会人员确定	确定相关部门（主要为管理职能部门）代表并告知参会时间、地点，以方便解答员工问题
		会议准备	会议室确认、投影仪预订、照相机预订、茶水准备等
3	会议召开 （5日或6日）	记录会议内容	对会议全程做内容及图像记录
		主持会议	主持会议并协助完成员工答疑
4	会议总结 （7日—8日）	形成会议纪要	形成会议纪要邮件提报相关领导
		问题整理	对会议中未能解决的部分进行整理汇总，并将有关问题提报相关部门，确认解决途径及时间
5	结果跟踪 （9日—20日）	问题跟踪	对待解决问题进行跟踪，督促相关部门解决，并将解决情况在下期沟通会进行公布
		解决情况记录	将解决情况进行记录，不能短期解决的长期跟进

4-10　员工沟通会组织计划

（5）知识分享会

目的： 员工之间需要不断了解各自的业务特点及进展情况，以相互工作的配合度及默契度，而不能各自为政，工作中没有交集。

方法： 分享会方案准备；确定分享会方案；组织分享会活动；总结并形成分享会纪要；宣传与推广分享会活动。

要点： 定期组织知识分享会（包括专项工作分享、不同业务了解），可以让不同的部门了解各自的工作特点、工作难度及如何配合推进总体工作的落实（如图4-11所示）。

图4-11　知识分享会展示

（6）沟通协调会

目的：业务关联度比较强的各部门因为平时的工作分工不同，可能会在工作配合方面出现问题，但让双方直接面对面沟通往往缺乏从组织的高度去达成目标的意识。

方法：准备沟通协调会事项（如时间、地点、参与人、沟通主题等）；拟定沟通协调会方案；研讨沟通协调会方案；确定沟通协调会方案；组织沟通协调会活动；总结并形成沟通协调会纪要。

要点：协调会需要由组织负责人（如公司总经理）出面主持会议，将问题摆在桌面上，经过研讨后进行最终的决策，以便在今后工作中高效执行，避免推诿、扯皮。

5. 活动类沟通

组织定期或不定期地举办一些员工活动，也能达到沟通的目的，比如全员运动会、年度联欢会、员工生日会、拓展类活动、主题出游活动、高管面对面活动、员工回家日、家属开放日活动、爱心公益行等活动。

（1）全员运动会

目的： 强身健体，增强员工凝聚力与团队合作精神，传递企业文化，促进全员间的互动交流与信任，提升员工集体荣誉感（如图4-12）。

方法： 拟定活动策划方案并通过审批后，成立活动组委会；召开由各级管理层参加的专题会议，介绍活动的宗旨与实施方案；召集各部门活动组织者会议，讨论活动参与方式，并明确活动中各项分工与职责；选择活动场地及印制《秩序册》；组织实施并总结发布。

要点： 组建活动组委会并明确分工；确定活动规则即《秩序册》并保障现场秩序；活动前做充足的准备（含现场所用各类设备的检测与到位）。

图4-12　全员运动会展示

（2）年度联欢会

目的： 展示员工才艺与风采，增强员工凝聚力，传递企业文化，促进全员间的互动交流与信任，提升员工归属感与集体荣誉感。

方法： 拟定活动策划方案并通过审批；成立活动组委会并明确分工；联系各类合作单位（如场地单位、影视公司、广告布展公司、礼品公司、策划公司等）并确立合作事项；确定活动日程、议程安排并组织实施；对活动进行全方位总结并进行宣传。

要点： 活动策划主题要有新意；活动要体现组织文化；活动整体流程要顺畅。

（3）员工生日会

目的： 体现组织对员工的关怀，传递企业文化，增强员工归属感与荣誉感。

方法： 统计月度生日员工名单；定制生日物品（蛋糕、水果、茶点等）并组织实施生日会活动；对活动进行总结并宣传。

要点： 每次活动主题的策划要新颖；员工在生日会活动现场要反映出真情实感。

（4）拓展类活动

目的： 挑战自我极限，提升个人抗压与应对能力，传递企业文化，促进员工间的互动交流与信任，增强员工凝聚力与团队合作精神。

方法： 拟定活动策划方案并通过审批；成立活动工作小组并明确分工；联系合作单位（如拓展公司）并确立合作和相关事项（如意外险等）；确定活动日程并组织实施；对活动进行总结并进行宣传。

要点： 活动主题策划要新颖；活动项目分享要深刻；活动过程要保障安全。

（5）主题出游活动

目的： 放松心情，增强员工团队合作意识，传递企业文化，促进员工间的互动交流与信任，提升员工集体荣誉感。

方法： 拟定活动策划方案并经过审批；成立活动工作小组并明确分工；联系合作单位（如旅行社、策划公司等）并确立合作和相关事项（如意外险等）；确定活动日程并组织实施；对活动进行总结并进行宣传。

要点：活动主题策划要新颖；活动项目要有趣味；活动过程要保障安全。

（6）高管面对面活动

目的：促进企业文化建设，营造良好的内部沟通与交流氛围。

方法：根据企业文化年度规划，拟定活动方案并通过审批；确定活动日程并组织实施；对活动进行及时总结并反馈活动中提出的问题。

要点：安排活动主题要基于当前要解决的问题；参加活动的部门要预先规划，有节奏地开展活动；活动的时间节奏要合理，不宜过于频繁；活动过程中要充分调动参与者的积极性、使其勇于发言。

（7）员工回家日

目的：主要针对外派员工，增强他们的归属感，传递企业文化，促进员工间的互动交流与信任，提升他们对组织的认同感与荣誉感。

方法：拟定员工回家日活动策划方案并通过审批；选择重要节日或司庆日邀请外派员工参与；参与时为其准备宣传材料、欢迎仪式，在活动时全面予以展示；对活动进行总结、宣传。

要点：注意活动的选择时机（不影响工作安排）；活动策划主题要新颖、动人。

（8）家属开放日活动

目的：增强员工家属对员工本人的工作支持，传递企业文化，促进员工与家属间的互动交流与信任，提升员工对组织的归属感与荣誉感。

方法：拟定家属开放日活动策划方案并通过主管领导审批；选择重要节日或组织联欢时邀请家属参与，并为其提供带有组织荣誉标志的礼品、组织欢迎仪式活动；对活动进行总结并予宣传。

要点：活动的选择时机及活动的流程安排；家属参与活动时的体验感。

（9）爱心公益行活动

目的：增强员工社会责任意识，传递企业文化，提升员工的组织归属感、集体荣誉感与凝聚力。

方法：关注并确定公益项目（内部或外部）；拟定项目方案并报审批；成立项目工作小组并召开专题会议，讨论项目开展方式；组织与实施项目活动，并总结、反馈与宣传。

要点：选择公益行项目；组织过程公开、透明且能激发全员的参与热情。

6.培训类沟通

培训也是一种很好的沟通方式，如领导力建设培训、管理技能类培训、新员工入职培训、自我管理类培训、专业技术类培训、企业文化类培训等。

（1）领导力建设培训

目的：通过此类培训，增强管理者改进自身领导力的意识，传递并践行企业文化，促进成员间的互动交流与信任，提升管理者在组织或团队中的领导力水平。

方法：拟定领导力培训方案并通过审批；开发组织或团队领导力类培训课程(邀请部分学员共同参与)；组织与实施组织或团队领导力类培训并进行培训总结。

要点：组织或团队领导力类课程开发；发掘与培养组织或团队领导力类课程讲师；培训中要让所有参与者深度参与并互动。

（2）管理技能类培训

目的：通过此类培训，增强管理者团队管理与沟通意识，传递企业文化，促进成员间的互动交流与信任，提升团队的高绩效管理水平。

方法：拟定管理技能类培训方案并通过审批；开发管理技能类培训课程；组织与实施管理技能类培训并进行培训总结。

要点：管理技能类课程开发；发掘与培养管理技能类课程讲师；培训中要让所有参与者深度参与并互动。

（3）新员工入职培训

目的：帮助新员工尽快了解组织文化、工作要求及工作伙伴，顺利融入新的工作团队，适应新的工作氛围。

方法：通常有半封闭式培训与封闭式培训两种。对新员工的培训课件与讲师最为重要，在设计新员工培训项目时，这一项为重中之重；然后是培训地点与培训流程；最后是对培训的总结与评估要从新人真实感受出发。

要点：该项目培训的效果保证来自于两方面：一是新员工接受掊训后感悟，可以通过新员工所写的训后感体现出来；二是培训后新员工"指导人"的帮助与支持，即指导人的责任心与使命意识。

（4）自我管理类培训

目的：通过此类培训，增强员工自我管理意识，促进员工间的互动交流，提升自我管理水平（含职业规划与职业心理）。

方法：开发自我管理类培训课程；组织与实施自我管理类培训并进行培训总结。

要点：开发自我管理类课程；发掘与培养自我管理类课程讲师。

（5）专业技术类培训

目的：通过此类培训，提升员工某项专业技术水平，增强员工的学习意识。

方法：开发专业技术类培训课程；组织与实施专业技术类培训并进行培训总结。

要点：专业技术类课程开发；发掘与培养专业技术类课程讲师。

6）企业文化类培训

目的：让员工系统了解企业文化理念体系，增强员工企业文化意识，促进员工间的互动交流与信任，积极参与企业文化建设。

方法：由战略性员工关系管理部门牵头组织企业文化课程研发小组；开发企业文化课程并安排讲师试讲；组织与实施企业文化培训并进行培训总结。

要点：开发企业文化课件；保证企业文化讲师的授课水平；培训中要让所有参加者深度参与并互动。

在与员工沟通时，除了以上的沟通方式外，沟通时机也很重要，它将直接影响沟通的效果。如有些沟通要及时，符合热炉效应；而有些沟通要稍缓，需要给双方冷静思考的时间。

工作中，一般需要抓住的沟通时机有：员工入职时；安排新任务与岗位调整时；奖励与惩罚时；升职调薪时；员工遇到挫折、情绪波动时；劳资双方关系紧张、发生矛盾时；新的政策与规章出台、执行时；一些热点话题流行时；员工患重病受伤及其直系亲属患重大疾病时；员工遇婚丧事时；员工家庭有困难纠纷时；员工子女入托问题联络等。

战略性员工关系管理部门必须不定期对公司员工进行访谈，重点是与各部门核心员工、技术骨干的访谈，内容包括员工现阶段工作、生活方面遇到的困难、压力、心理负担等。

第三节 掌握沟通技能，保障沟通效果

我的工作中经常需要与职场新生代"90后""95后"员工一起工作、相互沟通。相比其他年龄段的员工，职场新生代更讲求激情、个性、独立、自我，同时也非常注重创意、创新，愿意用多种方式、办法（概括为新、奇、特）去处理工作中遇到的问题。

所以，管理者要在管理中对他们多一些关注，并对他们的想法与创意多些尊重与支持，为其提供独立发挥才能的舞台，如阿里巴巴的工作环境（如图4-13所示）就会让员工感受到轻松的氛围与快乐工作的理念：设置轻松的具有娱乐设施的办公区、井然有序但又能突出员工个性的办公桌、随时释放激情的团队、员工专享的停车楼、园内便利的生活环境等。

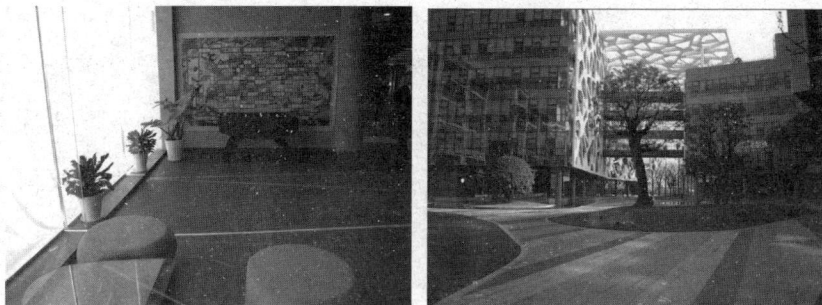

图4-13 阿里巴巴工作环境展示

《哈佛商业评论》中曾经提到一句话："任何企业最大的资产都是那些长着双脚到处走动的人。"通用公司的杰克·韦尔奇也曾说过，管理其实就是沟通、沟通、再沟通。上文所列的组织沟通渠道为实现单向与双向沟通提供了保障，而实际上，与我们共事的或我们所面对的是有思想有个性的"人"，包括上级、同级与下级，所以在具体沟通时要了解这些人的特点、个性，把握沟通方式，才能达到预期的沟通效果。如何与员工进行有效的沟通呢？接下来具体阐释一下。

1. 如何与不同性格的员工沟通

沟通管理作为战略性员工关系管理的灵魂，在整个组织发展与人力资源管理中起着非常重要的作用，而现实组织中每位员工的沟通风格与特点各不相同。如何与不同风格的员工进行有效沟通是有效开展战略性员工关系管理工作的前提与保障。

曾经有位同事，他在工作中的人缘特别好，与身边的人总是能够融洽相处，他自己也是每天充满正能量，工作积极主动，有着非常好的工作业绩。有一次，我特意与他聊起这个话题，即他是如何做到与身边不同类型的员工融洽相处的？这位同事很友好并自信地谈起了他的做法与感受：

"我认为，与大家一起共事、交流，就好比在参加一个聚会活动。大家有缘聚到一起，每个人都有不同的分工，也有不同的个性特点，每次聚会活动之所以丰富多彩，是因为总有人在不断地去发现或创造故事，还有一些人负责传播故事，当然也有人在认真听故事，并适时互动，也有一些人只做忠实听众，在听故事时会结合自己的思考进行分析。我就是那种讲故事的人，非要让我只做听众，我会很难受的，还有那种只听故事不反馈的或小范围反馈的听众非要让他去创造故事或讲故事他也会很难受的，因为他的兴趣与特长不在那里。

所以，在工作中我也把自己身边的同事分为这四种类型，即创造故事的人、讲故事的人、听故事的人和分析故事的人。我会去查一些资料，了解这四种人的不同个性特点与沟通技巧，避免将不合适的话说给性格不合适的人听。即面对不同的人，同样的话我会用不同的方式去说，语速、语调、说话环境及内容等因人而异，就这么简单。"

听完这位同事的阐释，明显感触到他是一位很有心的人，相信此前他在人际沟通方面也经历过许多不顺利，后来他总在想办法积极解决沟通问题，结果就思考并总结出有效的办法了。在此，我也做了些功课，帮助大家在以上沟通渠道的基础上提高沟通效率。

（1）人的四种不同性格类型及特点

不同性格类型的人及各种类型的特点归纳起来有以下几点（如图4-14所示）。

图4-14 人的不同性格类型及特点

第一种人：活泼型，即"讲故事的人"

此类人的特点是待人热情、主意多、喜欢表达自己的想法，容易引人注目。

一般情况下，演艺界的歌星、主持人、培训讲师、活动的组织者等都属于这类人。

在某次培训现场我需要一个三腿圆凳作为培训道具。但是这种板凳在一般组织中是无法看到的，安排了两位同事去找都没找到。后来另一个同事知晓后很快就解决了。这位同事平时的想法与主意多，遇到此类问题马上就会想到用什么渠道可以解决，而不是在本组织中漫无目的地寻找。

第二种人：力量型，即"产生故事的人"

此类人的特点是动作快、工作要求快速完成、有强烈的控制欲和决策力。

一般情况下，组织的领导者、市场销售类人员等属于这类人。

在一次企业文化建设方案汇报中，我刚开始不到两分钟就被领导直接叫停，要求直奔主题，讲具体如何去做，而不要再把背景、意义与思路统统讲一遍。讲完具体如何做后，这位领导便开始与我互动，为什么考虑这样做、这样做的意义何在等，其实就是把方案的逻辑顺利倒置了一下，即先说结果，再说过程。后来我才发现，这就是这种类型的领导的特点与要求，喜欢有创新、有创意的点子，并能够快速执行。

第三种人：完美型，即"分析故事的人"

此类人的特点是注重细节，喜欢思考，采用系统的考虑方法和解决方案，常用记录、作图、制表等方式分析别人弄不清的问题。

一般情况下，财务人员、技术研发人员、科技工作者等属于这类人。

有这样一个故事，说某个同事请另外四个同事吃饭，结果有一个同事等了好久都没有来。这时请客的这位同事嘴里嘀咕了一句："怎么该来的还没有来？"一位同事听了，心想："他说的该来的还没来，意思是我不该来？"于是这位同事便起身离开了。请客的同事连忙说："不该走的又走了。"第二位同事觉得是自己该走了，结果就走了。"我说的不是你"，请客的同事有点着急了。但第三位同事听了，心想："那就是说我喽。"结果第三位同事也走了，这顿饭最终不欢而散。

这位同事请的几名同事正好都是完美型性格，说者无心，听者有意。完美型的人特别注意细节，甚至多疑，他们会觉得有些话好像是在影射自己。因此，完美型性格也被称为分析型性格。

第四种人：平和型，即"听故事的人"

此类人的特点是待人谦和、乐于助人，有耐心，能控制自己的情绪，注重和谐氛围。

一般情况下，组织中的人力资源管理者、社会公益工作者等属于这种类型。

在比较拥堵的马路上，性格平和者驾驶的车辆总是遭到鸣笛、晃灯、被超等，因为他们比较能够控制自己的烦燥情绪，不会因为有点事情就不顾别人的感受而开快车，比较能理解在路上的其他驾驶者，速度相对控制得比较慢，所以有时候不能够得到急躁的驾驶者的理解而被

"欺负"。但即使如此，这类人也能够很好地调整心态，尽量不出现事故、不去违章等。

（2）四种不同性格类型的员工的沟通策略

与不同性格的员工沟通也要采用不同的策略，准确把握员工性格是关键。

与活泼型的人沟通：

①要充满激情，可以有些动作和手势。在他们讲话时积极地予以配合与肯定。

②及时予以确认，因为他们不太注意细节，可能说完就忘了，所以要及时提醒并多采用书面记录的沟通渠道。

③经常夸奖他们，他们会很开心，因为他们希望成为众人瞩目的焦点。

④不要轻易批评，如果必须批评请用间接的方式，或者在批评前先对其进行表扬。

与力量型的人沟通：

①在最短时间里给他们一个非常明确的答案，而不是给他们一种模棱两可的结果。

②不需要有太多的寒暄，直接说出你的来意或目的即可，并且最终落到一个结果上。

③要有强烈的目光接触，他们对自己信心十足，也喜欢有足够信心的人。

④如果有任何你不满意或不认同的地方要发表意见，否则他们会认为你是赞同他们的。

与完美型的人沟通：

①从沟通的状态上，要表现出非常理性、严谨，而且在具体沟通

时，要结合一些数据、图表等，细心地进行交流。

②要用具体的事例和做法去肯定和认可他们。

③要注意时间的把握，不能是任务式的沟通。要想真正和对方沟通清楚某类事情，就要在沟通过程中做好记录工作。

④避免有太多的眼神交流和身体接触，与之沟通时身体不要过于前倾，应略微后仰。

与平和型的人沟通：

①多考虑对方的感情因素，要营造良好的沟通氛围，利用情感和对方建立良好关系。

②说话不要太快，注意抑扬顿挫。不要给他们压力，要鼓励他们，征求他们的意见。

③目光频繁接触，然而每次目光接触时间不宜过长，但接触频率要高。

④尊重他们、重视他们。他们越没意见，越要问他们，告诉他们你特别在意他们的意见。

附：四种不同性格类型的员工判断表

不同类型的员工在工作中有不同的表现，以下从五个方面的行为举止帮助你轻松判别其属于哪种类型的员工。

表4-1 活泼型员工行为表现

行为类别	行为特征
和同事交谈时	保持目光接触但又不时地会把目光移开
做出重要决定前	征求所尊敬人的意见
办公桌面摆设	放一些鼓励的礼品或贴 一些广告语
和别人打电话时	事先聊一会儿，再进入正题
参加会议时	热情洋溢地发表自己的观点，但也听取他人意见

表 4-2　力量型员工行为表现

行为类别	行为特征
和同事交谈时	始终保持和对方的目光接触
做出重要决定前	按自己的本能想法，比较固执己见
办公桌面摆设	放着日历及工作计划表格
和别人打电话时	一直谈论正题
参加会议时	全盘把计划说出来，让大家都知道

表 4-3　完美型员工行为表现

行为类别	行为特征
和同事交谈时	基本上都是在向周围环视
做出重要决定前	一般是自己来收集信息，喜欢独立思考
办公桌面摆设	喜欢放一些图表或工作计划
和别人打电话时	直接进入正题，内容尽量简短
参加会议时	喜欢坐在后面，发言前会仔细考虑要说的内容

表 4-4　平和型员工行为表现

行为类别	行为特征
和同事交谈时	视线没有固定的地方，注视对方或别的地方
做出重要决定前	会考虑这个决定对他的影响及影响程度
办公桌面摆设	喜欢放一些家人照片或有色彩的东西
和别人打电话时	可以谈一些与正题无关的话，时间会稍长
参加会议时	一般会支持会议上他人的观点与意见

2. 如何与上级进行有效沟通

在职场工作中，能与上级进行有效沟通不仅有利于我们个人的职业发展，也有利于我们赢得上司的重视与赏识。从一般意义上说，员工和上级间的交往和联系定义为向上沟通，即沟通中的一种向上的形式。管理学家提出，管理或工作的开展需要指明方向及资源支持，而资源的分配权力在你的上级手上，因此，当你需要获得工作资源推进下一步工作时就需要与上级进行沟通。那么，如何与上级进行有效的沟通呢？主要是沟通内容及沟通方式上要予以加强。

（1）与上级的沟通内容

在与上级沟通时，我们要善于观察上级的擅长之处，尽量避免接触上司不擅长的领域。与上司沟通前，我们可以问自己这样的问题：我如何做才能使上级的工作顺利开展，又使自己的工作顺利进行？

具体说来主要有三个方面需要考虑，即与上级之间适应彼此的需要和风格；沟通彼此的目标要求；如何与上司成为真诚的合作伙伴。

①保持与上级和谐的工作状态

我们都希望在和谐、高效的工作状态下开展工作，在工作中与上级要保持随时沟通，领会上级的意图、工作要求并熟悉上级的工作风格。在工作风格不一致的情况下，要及时进行自我调整，保持与上级的风格相一致。同时我们要懂得在什么时间与什么地点，阐释自己的观点与主见才合适，让上级了解自己的个性需求，最终达成和谐的工作状态。

②沟通彼此的目标要求

在工作中，我们要能够经常与上级沟通彼此的目标要求，通过目标要求来提升各自在工作方面的能力。如果能够与上级形成这样的共识与工作状态，我们与上级就会发现在工作中彼此激励是一件很愉快的事情，并且能在工作中不自觉地提高工作标准，使双方通过努力不断创造出更高的工作价值。

③成为真诚的合作伙伴

工作中，在与上级沟通时我们要多站在上级的角度思考问题，不能一产生不良的局面就让上级去处理。同时，在工作中，我们要坦诚面对上级，让上级信任自己，成为上级最真诚的合作伙伴。

（2）与上级的沟通方式

不同的上级有不同的性格特点与做事风格，在我们与上级沟通的过程中，可以通过不断观察了解上级属于哪一种性格类型的人，然后分析这种性格类型的人的特点及沟通技巧，相关内容详见上一节。

小周的经理喜欢打篮球，经常在周末找人出去打篮球。一次，小周在一项工作上和经理的想法不同，他把自己的意见告诉经理以后经理却没有采纳他的意见。尽管小周很不情愿，但也知道如果继续坚持己见很可能会和经理产生矛盾，便暂时作罢。

到了周末，小周找了一个篮球打得非常好的朋友，然后约上经理一起去打篮球。凭借朋友的技术，打篮球时小周和经理等人所组的队伍取得了胜利。小周看经理很高兴，趁机又把自己的意见说了出来。这一次经理没有多说，很痛快地接受了他的意见。

案例中的小周正是利用了经理的爱好，选择用正确的方式与经理沟通，所以才能让经理接受自己的意见。我们在和上级沟通时一定要特别注意沟通方法。只要我们能够选对沟通方式，再难说话的上级也能被说服。

3. 如何运用同理心进行双赢沟通

当今时代是一个讲求互利共赢、互惠合作的时代。随着互联网的快速发展，合作与共赢意识在各种场合都受到人们的推崇。不论是职场中的工作配合还是商界的业务与战略合作，要想取得共赢的局面、实现统一的目标，就必须站在双赢的高度，抛弃损人利己的思想。那么如何认识并具备双赢思维呢？

双赢思维是一种基于互敬、寻求互惠的思考框架与模式。在这种思考框架下，具有双赢思维的人会去寻求两全其美之策，以获得更多的机会、财富及资源，也就是为自己着想的同时不忘照顾他人的利益；把工作环境看成合作的舞台，而不是竞技场，鼓励合作而非竞争。具有双赢思维的人一般都会善于倾听、善于沟通、勇于表达，既有勇气又懂得体谅他人。双赢是勇气与体谅之间平衡的产物，如果不能达到双赢，就好聚好散。其实，具有双赢思维的人是以现实的态度看待合作关系的，他们允许对方说"不"，好聚好散是较低层次的"双赢"。双赢思维可用于工作和生活的各个方面，尤其是存在利益冲突的人际关系中，双赢思维鼓励各方寻找互惠互利的问题解决办法，以达到冲突各方的利益均衡。

要实现双赢，必须遵守两个基本原则：平等互利的原则和真诚守信的原则。平等互利的原则是指交往或合作中的双方应互相尊重，享受平等权利、承担平等义务，在这个基础上去追求对双方都有益的结果。如果双方不是本着平等互利的原则去沟通与合作，必然会出现以上压下、以大欺小、以强凌弱的局面。真诚守信的原则是指交往或合作中的双方要真诚相待、互守信用。真诚是持久关系的首要条件，信用则是真诚的外在表现。在双方的合作和交往中，真诚和信用会充盈对方的情感账户，使得彼此信赖。只有相互信赖，才能达到双赢。

双赢思维要求我们在交往和合作中，不从对方身上谋取利益；在确保对自身需求的基础上，多为别人做点事；并要遵守承诺，确保对方的期望达成。一般来说，双赢思维具有三个要点：一是具有战略眼光；二是双赢思维更主动、更具创造性；三是双赢思维会在适度妥协与坚守道德底线间找到平衡点。

　　某部门接到一项紧急任务，需要在极短的时间里完成。为了能按时完成任务，部门经理要求员工加班加点工作，连周末都不能休息。但是刚过了两天，部门经理就发现了一个新的问题——员工的积极性普遍不高，虽然工作时间加上去了，工作效率却很低。

　　部门经理感到很生气，要求员工打起精神来，提高工作效率，并提醒他们，按照现在这种状态工作就无法按时完成任务了。然而，员工却好像完全感受不到部门经理的焦急，工作效率并没有提高多少。

　　有人建议部门经理向员工承诺，这次的任务按照工作量来发放酬劳，现在让他们加班的时间以后按照双倍的标准补给他们。员工听到这一政策后顿时积极性大增，工作效率有了明显的提高，最后提前两天完成了任务。

　　案例中的部门经理一开始只是想着完成任务，却没有给员工开出好的条件。员工觉得自己累死累活却没得到什么好处，心里肯定会感到不满，工作效率就不高。后来部门经理给出了双赢的条件，让员工能够在工作中获得好处，员工的积极性顿时高涨起来。由此可见，双赢对沟通来讲非常重要。

　　为了保障沟通效果，除了在数量上让沟通无处不在，还要在质量上让每次的沟通都有价值，这就需要我们了解一些人性及心理学方面的知识，即面对不同个性特点的员工、不同层级的员工，首先要有所分析，然后根据分析结果采取不同的沟通方式与方法，避免一概而论，适得其反。

实例：如何构建沟通渠道体系

　　在一次人力资源同行交流活动中，大家讨论了有关沟通渠道的话题。现场许多人都在讲述自己单位的沟通方式，可以说五花八门、形式多样。但交流中，许多同行还是抱怨本组织中沟通不畅的问题。仔细了解并盘点后，发现许多沟通渠道只是摆设，并无实际作用，有些沟通渠道完全不适合本组织的实际发展现状，甚至有些沟通渠道反而成了小道消息的传播方式。活动结束后，我静下心来想想自己组织的沟通情况，同时为了配合当时公司的兼并战略，促进兼并后的无缝联合，及时有效地传递公司的各类信息，我对单位中的内部沟通渠道进行了一次全面整理，即对单位内所有的沟通渠道进行梳理、分析、汇总。经过近一个月的梳理与分析，我最终向上级呈交了一份合格的报告。那次的全面梳理结果让我很震惊，也深刻认识到在组织中看似有许多的沟通渠道、沟通方式，其实有相当多的渠道是无用的或者是没有真正发挥价值的，有些渠道甚至是起反作用的。

那次整理报告中，共有96种沟通渠道在各种不同层面、不同情境下使用，其中有40%为非正式渠道，在组织日常沟通中占据着重要位置。而经常使用的沟通渠道只占六成，有四成是基本不使用的。所以阶段性地对沟通渠道进行梳理与分析非常必要，这也是在顺应新时代的不断发展和员工对沟通方式的需求而进行的改变。真正有效的沟通不在于借用"高大上的沟通渠道"，而在于找到适合本组织文化特点、发展阶段并得到员工认可的"实用沟通渠道"。

鉴于现代组织信息传递的快速性、接收方式的多样性，为了保证正向的信息在组织内部顺畅流转，需要建立起全方位、多形式的沟通渠道，不仅能够快速传播信息，也能够让组织内成员不管在何时、何地、何种情况下都可以顺畅地接收到信息。同时，在沟通渠道中需要设置一些形象化的渠道，让传递的信息能够被正确解读，避免员工的理解偏差，如展开专题分享活动、视频宣传片、外拓活动等。图4-15中的六类沟通渠道是组织中常见的一些活动方式，大家可以从中得到一些启示，并通过实际运用让本组织内的沟通更加顺畅。

图4-15　全方位内部沟通渠道

实际上，不论组织的规模大小如何、发展处于何种阶段，都有许多沟通方式与渠道需要我们战略性员工关系管理者去梳理、分析与总结。当然，有些沟通渠道在分类后是需要进一步对其使用方式、时间、效果等方面进行分析，再投入使用，如外派员工回家日等活动就需要结合组织文化特点及工作安排来进行。有些沟通渠道在使用一段时间后要不定期地进行效果评估并予以完善。只要是有效的沟通渠道都有必要予以建立并强化，因为它是组织健康运转的保障。

那么，如何找到合适本组织的内部沟通渠道呢？

1. 熟知本组织文化理念

所谓企业文化，即企业中大多数人所倡导的一套工作方式与行为规范（在激励篇中详述），所以它会直接影响组织中人与人之间的沟通。作为一名战略性员工关系管理人员，我们要清楚组织文化的特点，要从各种途径了解组织文化的核心是什么。

2.熟悉组织成员的特点与现状

每个组织的成员都是不同的，这与组织所提供的服务有关，如有创新型的、稳定型的、安全型的，也有年轻型的、偏老型的等。这些都将决定组织中的沟通方式会有所不同，也将决定不同的沟通方式会有不同的沟通效果。

3.广泛征求员工意见

这是我在工作中经常使用的方式。既然我们的许多工作是服务于员工的，所以要听取员工的意见，这样既能让沟通有针对性，也能让员工感受到尊重。征求意见的形式不限于正式的方式，还有许多非正式的方式，如可以利用午餐时间或下午茶时间，约上几位有代表性的员工一起就某个话题进行讨论等。

4.及时捕捉市场信息

有时候，沟通渠道的建立与完善也需要从市场中获得一些启示与参考。我们可以在工作之余，通过与市场部门沟通或外出参加一些活动的机会，了解市场上的相关动态，不断引进更为新颖的沟通方式。通过了解市场动态，观察本组织在整个市场中的位置与角色，进而采用符合本组织的沟通方式。

在移动互联时代，网络或线上沟通已然成为我们身边时刻在发生的事情，几乎达到了无处不在的状态。我们作为组织中的战略性员工关系管理者，要善于利用这些渠道，结合本组织中员工的实际特点，从线上、线下或线上＋线下等方式，把我们组织的理念、观点、要求、方式等及时共享给员工。大到组织战略发展的方向，小到任何一个员工组织的活动，都可以利用这些渠道沟通便捷、快速的特点，及时了解与掌握员工的心理诉求与建议，形成良性互动关系，达到在充分民主上的集中，进而增强团队凝聚力、归属感。本节内容中提到的许多沟通方式都可以在不同的环境下进行拓展与发挥，灵活使用，以达到最佳的沟通效果。

第五章
第三步：让激励随时发生：战略性员工关系
管理之核心

　　作为战略性员工关系管理的脊梁和立柱，员工激励发挥着极其重要的作用。有效的激励可以让组织中的每位成员充满向上的动力、感受到工作的意义、成就自我的价值，同时让组织获得持久的发展。

　　本步骤将全面阐述员工激励的价值、员工激励的方式和员工激励效果的保障。

第一节　全方位构建员工激励工作机制

要想让员工激励真正有效果，除了有针对性的激励方式外，更重要的是员工激励工作机制的构建，同时我们要深刻认识到员工激励的真正价值与意义。本节将阐释在构建员工激励工作机制时需要考虑的四个关键点，即激励的价值、激励的内容、激励的时机、激励的地点。

1. 随时激励的价值

我曾经与许多刚毕业的应届生一起工作过，他们有激情、愿吃苦、有想法，虽无职场工作经验，但能够听进去意见并提升自己。曾有一位应届毕业生工作中非常善于学习与发现，很用心，很多工作我会让其直接参与，过程中我会告诉他做法与思路，希望待其再接手同类工作时我就可以完全放手了。结果我发现他做得会超出预期，因为在他独立做事的过程中会自发地驱动自己的创造力与想象力，不会出现失控的情况，最终这位应届毕业生只用了三年时间就成了部门负责人。对于其他人员，我也会给他们试错的机会，用开放的心态让其大胆发挥，工作中不断给其鼓励与支持，我会从方向上予以把握，结果都非常棒。我想，这就是激励的价值吧。

你可以买到一个人的时间，你可以雇一个人到固定的工作岗位，你可以买到按时或按日计算的技术操作，但你买不到热情，你买不到创造性，你买不到全身心的投入，你不得不设法争取这些。

——弗朗西斯

员工激励就是要激发员工的工作动机，用各种有效的方法去调动员工的积极性和创造性，使员工去为组织与团队目标而努力。

张兵是某公司研发部经理，在他带领下，研发部的同事们工作热情非常高涨，年初制定的项目研发计划年底都能如期完成，而且市场效果非常好，这其中最重要的原因是张兵非常关注团队每个人的成长，只要大家在工作中取得成绩，不论大小，他都会第一时间通过部门群展示给部门全体人员并表示祝贺，同时还会附上图片。在每个项目的初期、中期、攻坚期和收尾期，张兵都会组织部门全体人员一起聚会，把大家平时的成绩一一拿出来分享，对大家辛勤的付出表达感谢。为此，研发部的每个员工都对自己的工作非常负责任，也不好意思拖后腿，工作中能够自发地与团队其他人展开合作，共同完成项目的研发计划。张经理采用了非常及时的激励方式，而且能够持续系统地推进，让团队成员一直保持良好的工作状态，增强了团队的凝聚力。

作为战略性员工关系管理中的核心环节，激励涉及员工在工作期间的各个方面。管理者应根据员工的不同需求，采用相应的物质激励、精神激励、情感激励、事业激励，尽量采用正面的、表扬的、肯定的方式，让员工感受到自身的价值，同时满足不同层次员工的需求，增强员工的工作敬业度、责任心，同时通过激励来提高工作效率、改进工作质量，让员工朝着组织的目标方向努力。鉴于此，战略性员工关系管理的激励强调随时、随地发生。

美国哈佛大学教授詹姆士在研究中发现：员工在实行计时工资时仅发挥其能力的30%，而在受到激励时可发挥其能力的90%。由此可见，组织或团队的领导者必须注重员工激励工作，要将物质激励与精神激励有机地结合起来，既要将员工看成是"自然人"，满足其物质需求，又要将员工看成是"社会人"，给予他权利、关怀、相互的认同、成长的空间和自我实现的机会等（如图5-1所示）。

图5-1　激励的价值

激励是让员工工作更积极的必要手段，没有人能在毫无激情的状态下把事情做得特别好。管理者需要不断激励员工，让激情一直环绕在员工身边。这样一来，即便不去刻意催促，员工的工作绩效也会因为激情高涨而变得更好。

2. 要激励哪些方面

在战略性员工关系管理工作中，我们要善于发现需要激励的方面，如敬业的工作行为、助人的合作精神、积极的参与意识（活动、会议、培训等）、严格的遵纪行为、合理的自我管理等。

小陈在工作中乐于助人，在他们团队中，当别人遇到困难时小陈总是会出手相助。不管是出谋划策还是亲自动手去帮忙，小陈总能给同事带来很大的帮助。因此，尽管小陈平时和别人并没有太多的交流，但小陈在团队里的人缘却非常好，大家都很尊重他。

经理将小陈乐于助人的行为看在眼里，所以尽管小陈的个人业绩并不突出，经理却当众表扬了他。其他团队的人不明白为什么业绩不突出的小陈会受到表扬，经理就告诉他们：小陈的个人业绩虽然不突出，但小陈所在的团队确是所有团队中业绩最好的，在这一点上，小陈功不可没。

小陈受到表扬之后，在帮助同事时更加用心了。不仅如此，其他人也开始向小陈学习，公司所有的团队业绩都有所提升。

经理发现了小陈乐于助人的优点，并且知道小陈的行为是需要激励的。在激励后，不仅小陈本人受到了激励，所有员工都受到了激励，于是公司所有团队的业绩都有了提升。

在工作中，我们要善于发现值得激励的点，它可能是一种信念，也可能是一种行为、一句承诺，只要我们发现了，都值得去激励。

激励的方面概括来说，有以下内容：

·爱岗敬业、积极团结并协作同事；

·为组织或团队的发展积极献言献策；

·为组织或团队节约成本，并持续推进；

·对外积极宣传组织的品牌、产品，并引以为傲；

·积极为组织发展推荐优秀人才；

·工作中，创新意识强，有发明创造成果。

激励贯穿于组织中员工工作的全过程，不仅包括以上激励的各个方面，还包括对员工个人需要的了解、对员工个性的把握、对员工行为过程的控制和行为结果的评价等。因此，激励工作需要耐心。

3. 最佳的激励时机

激励要讲究最佳时机和时效，"雪中送炭"和"雨后送伞"的效果是不一样的。激励越及时，越有利于将员工的激情推向高潮，使其创造力连续并有效地发挥出来。当然，还有些激励时机可以为员工制造一些惊喜，比如在某个重要时刻隆重向员工宣布，如在定期（每月／季度／半年度／年度）的大型活动中，也可以是在一些非正式的活动中设置表彰环节，让参与活动的全体员工、客户、家属及嘉宾，都为被表彰者鼓掌、祝贺。

某公司刚刚完成了一项紧急任务，这项任务在所有员工的共同努力下取得了圆满成功。为了感谢员工在这次任务中所付出的努力，公司决定所有人放假一周，并且由公司组织，去苏州旅游。

尽管公司组织了旅游，但员工心中还是感觉有些失落。大多数人认为他们为公司所做的贡献可不是一次旅游就能相提并论的，这次的奖励实在太少了。

在旅游第一天晚上举行的晚会上，总经理突然向大家宣布，除了这次的旅游活动之外，公司还要给每个人都发放一笔奖金，奖金的数额根据各部门在此次任务中所做的工作来定，不过一定会让大家满意。

员工听了总经理的话后个个喜出望外，会场简直沸腾了起来。员工心中的不满一扫而空，高高兴兴地度过了假期，并且对公司的激励制度产生了十分深刻的印象。有了这次的经历，员工都知道公司不会亏待自己，所以当公司遇到紧急任务时，每个人的工作积极性都非常高。

选择最好的激励时机能发挥出最大的激励效果。案例中的总经理先不告诉大家有奖金的事情，等到旅游的晚会上再把这件事说出来，可以说是将时机拿捏得恰到好处。因此，总经理的这次激励收到了非常有效的激励效果，而且让员工印象深刻。

激励员工，要选择最能够打动员工的时刻。选对了激励时机，激励的效果会加倍。作为战略性员工关系管理者，我们要有时机意识，同时也要将这种意识传递给组织中的各级管理者。

4. 最好的激励地点

因为激励的时机是随时的，故而最好的激励地点也是随地的。即时激励一定要随地进行，不要受外在环境的影响，反而要在外在环境的氛围下，达到最佳的效果。

另外，在一些公司的外部活动场合，对员工进行专项激励也是非常有效的。

有一家公司每年都会组织一场大型的论坛活动，论坛主题是围绕这个公司年度业务与发展目标而定的，参加的人员为内部全体员工。在这样的场合，公司会对某些专业领域的人员进行表彰，并配以图片、视频等。如某年的活动主题是研发技术，在这样的场合里，公司集中揭晓并表彰了在此方面做出突出贡献的"技术大牛"们，同时让他们在这样的场合发表演讲、分享感悟等，取得了非常好的激励效果。

与最佳激励时机相同，激励地点也要随地，不要受外界环境与条件的限制，这样更能让受激励者感受到荣誉、自豪、尊重与认可。刻意选择激励地点是不必要的，即时的行为反而更能让受激励者记忆深刻、效果倍增。一位员工在一次接待重要嘉宾的活动中表现出了高度的责任意识和灵活处理情况的能力，在活动现场小憩时，公司当着所有活动工作组成员的面对该名员工进行了表扬与肯定。这种即时的激励取得了非常棒的效果。

5. 有效的激励方式

常用的有效激励方式有物质激励、精神激励、目标激励、事业激励、情感激励等。

小张在和同事做团队工作时常默默把一些做得不到位的事情做好，让团队的工作变得更加完美。对做好团队工作来讲，小张可以说是功不可没。然而，团队的其他人并没有注意到这一点，并且有时还会认为他们本来就已经把事情做得很完美了，不需要有人来做善后工作。虽然为了团队的整体利益，小张仍然一直默默地为团队做事，但也渐渐有点提不起兴趣了。

对于小张为团队所做的一切，部门经理一直都看在眼里。部门经理见小张最近的工作热情大不如前，知道小张肯定是在心理上出现了变化，需要激励。部门经理把小张叫到办公室，肯定了小张为团队做出的贡献，并鼓励他继续做下去。部门经理告诉小张，在工作中，每个人的努力都不会白费，即便没有被别人注意到，自己的能力也会不断增长。

小张受到部门经理的激励，有一种找到了知音的感觉，心中的阴霾一扫而空。接下来，小张在工作中更努力了。

每个人都希望自己能得到别人的认可。管理者认可员工，在精神上激励员工，就能让员工的斗志更强。案例中的部门经理如果没有及时激励小张，小张很有可能就会渐渐对工作失去兴趣，也不再默默帮助团队了。而在得到经理的激励之后，小张的工作热情变得更高了。可见，精神激励是很有必要的，而且是很有效果的。

一些常用的激励方式更多的是从组织的文化建设角度来进行的。企业文化为这些激励提供了方向，也为组织中员工的发展提供了动力。为此，积极且有效地建设组织文化，同时全方位落地组织文化，是做好员工激励工作的前提，同时也是保障战略性员工关系管理向纵深发展的关键因素。

第二节　创意激励方式，保障激励效果

　　大多数管理者都知道激励的重要性，也会对员工进行激励，但是激励的效果好不好就要另当别论了。并非所有的激励都能取得好的效果，为了让激励真正起到作用，我们应该特别注意选择好的激励方式。而富有创意的激励方式，更能保证激励的效果。

　　每个组织因其性质不同及所处的发展阶段不同，有多种带有组织自身特色的激励方式，而且这些激励方式都不是一成不变的。我们不能总是用常规的方式来进行激励，要不断地进行创新。执行某个具体项目时要有创意，让员工产生强烈的意愿和参与感。如组织某项激励活动，在突出主题时多增加互动环节，结合互联网时代大家认可的一些方式（微信参与、微博参与、网上投票等）来进行。

　　苹果公司是世界级的大公司，员工在工作中一般都比较积极，不需要太多的激励。这本来是件好事，但一些员工需要激励时就给管理者带来了难题，因为一般的激励很难对他们起到作用。不过，苹果在激励员工方面有自己的一套，很善于用充满创意的激励方式来激励员工，让激励效果更有保障。

　　苹果的设计师在设计产品时，管理者不用常规的发奖金、定目标等方式来激励他们，而是告诉他们，他们的每一个设计都将影响到数亿的用户。不需要再有别的激励了，这句话的激励效果比任何激励方式都更管用。苹果的设计师们可能并不是那么在乎名利和金钱，但为了肩上的这份责任，每个人都会发挥出自己全部的聪明才智，把工作做到最好。

在激励员工时，管理者要根据激励对象的不同，善于创新，选择最合适的激励方式。墨守成规是无法把激励工作做好的，而不走寻常路的激励方式往往能震撼人心，达到最好的激励效果。

在设计激励方式时，我们要以组织战略目标为出发点，采用员工喜闻乐见的方式，同时结合组织文化倡导的行为开展。如开展组织文化建设活动，常规的做法是按活动流程执行完毕即可，不考虑其中的竞争性、趣味性，让员工的参与感降低，其实我们可以采用"定向寻宝"（"宝"为组织核心价值观的关键词）的方式，在寻"宝"过程中设置层层过关问题（问题可以是组织管理中常见的一些问题，或组织发展历程中的一些事件等），通过分组合作，最终在达成目标时，使参与员工不仅获得了相应的知识、进一步认识了所在组织，也感受到了趣味性，参与感油然提升，对下次的组织文化建设工作产生积极的促进作用。

第三节　持续激励行为，强化激励效果

如何对员工进行持续激励，以强化激励效果呢？以下几点是关键：

· 心态上，发现并发挥员工的长处，而非不足。

· 实际中，不吝啬鼓励，以鼓励为主。不同阶段员工激励方式转变。

· 制度上，完善员工晋升机制，大胆提拔有能力的员工。

· 观念上，积极培训管理者，由"主事"到"主人"转变。

· 使命上，要心怀工作使命，不断推进高效工作氛围的形成，真诚关注不同员工的工作价值。

· 规范上，对于违反组织规定及不利于工作环境的行为，要及时予以纠正。

在工作中，管理者要多关注员工的工作表现，给予及时的反馈与肯定。如我们授权某员工独立完成某个项目或让某员工主持某次工作例会等，完成后要对其进行公开表扬。此种方式不仅能够提升员工的荣誉感、责任感，而且也能激励其他员工积极努力。当然，在此过程中，我们也要及时关注其他员工的反应，如出现负面情绪，要及时予以辅导并纠正，同时要合理安排与分配工作，不能让员工的工作量或工作安排出现失衡情况。

　　小李刚从大学毕业，进入一家公司工作。由于工作经验比较少，所以小李在工作时并不顺利，也因此很不自信，每天都过得比较压抑。小李的心态不好又影响到了工作，使他的工作情况变得更糟。

　　经理知道小李并不是能力有问题，只不过需要一点时间来适应工作，这个时候的小李最需要的是激励。于是，经理经常肯定小李的工作，并鼓励他要相信自己的能力，虽然一开始会比较难，但等他对工作熟悉以后就不会再觉得难了。

　　在经理的不断激励之下，小李逐渐对自己有了信心，心态变得越来越好，工作也做得越来越得心应手了。

　　持续激励员工能让员工的心态慢慢变得更好。很多时候，一次的激励难以将员工的心态完全改变，而持续的激励则会取得更好的效果。就像案例中的经理激励小李那样，管理者应该注意对员工进行持续激励。

　　对于一直表现不错且业绩突出的员工，管理者要给予其在晋升、加薪及外出接受知识与技能培训方面的机会，同时评其为本年度或本季度优秀员工，并进行表彰，安排被表彰者及时与大家分享感悟以及良好工作业绩的取得过程。表彰时，管理者可以邀请其家属共同参与，以表示组织对家属支持的感激之情。

　　在激励工作中，为保证公平、公正和工作环境的良性健康，管理者还会用到一些负激励，如末位淘汰、违规处罚等。负激励不仅对表现不佳的员工是一种震慑，也是对其他员工的一种正向激励，同时让新员

工明白是非对错。这里有一种做法值得借鉴，即建立并每季度发布一次
《员工关系事件公告》。

第四节　构建内部激励体系

　　为了全方位构建员工激励工作机制，同时让各项机制得到顺利推进，管理者需要从组织的各个层面进行思考并着手准备，调动各层面人员的参与积极性。一般来说，组织在构建员工激励工作机制时可以从三个方面来进行，即组织层面、部门层面和员工层面，每个层面因角色与分工不同而承担着不同的职责，具体如图5-2所示。

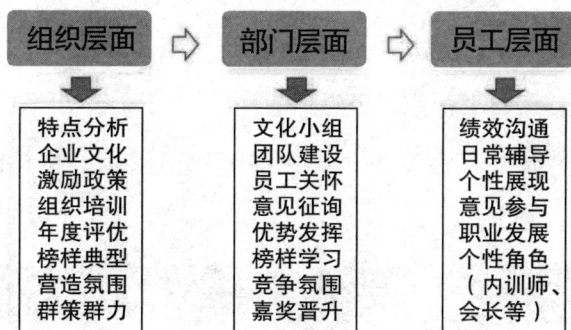

```
组织层面  ⇨  部门层面  ⇨  员工层面

特点分析      文化小组      绩效沟通
企业文化      团队建设      日常辅导
激励政策      员工关怀      个性展现
组织培训      意见征询      意见参与
年度评优      优势发挥      职业发展
榜样典型      榜样学习      个性角色
营造氛围      竞争氛围      （内训师、
群策群力      嘉奖晋升       会长等）
```

图5-2　立体式构建员工激励体系的思路

　　在全面推进激励机制的同时，要考虑现代组织中各部门的相互依赖性。如果只强调组织的某一部分，则组织中另一部分的运转就会受到影响，从而使组织整体效率得不到提高。比如组织为了扩大产品销售，重奖销售部门，提高销售提成，使销售部门的员工收入大大超过生产部门员工的收入，这会使生产部门的员工感到很不公平，于是不再注重产品质量，工作马虎，很快组织的产品就会出现问题。这些问题最终会影响到产品的销售，甚至会影响已开拓的市场，将组织引入困境。这些是都在构建员工激励机制时需要考虑的因素。

在明确了组织各层面在激励工作机制中的角色与定位后，接下来要根据员工的不同需求设计不同的激励方式。

首先，管理者要了解员工的需要，因为员工具有民族、年龄、性格、知识等区别，这些区别会反映出不同的需求，所以作为战略性员工关系管理者，要通过相应的手段来获取员工的不同需求，有的放矢。常用的方法有观察法、自陈法、考核测量法、个别交谈法与听取汇报法。

其次是分析影响员工工作积极性的原因。实际工作中影响员工工作积极性的因素是多方面的，有精神因素和物质因素，有社会环境因素、劳动组织因素和员工个人因素，通过了解这些因素，管理者可以采取相应的措施激发员工的工作积极性。

最后是选择恰当的激励方式，主要有物质激励、精神激励和情感激励，详见图 5-3 所示。

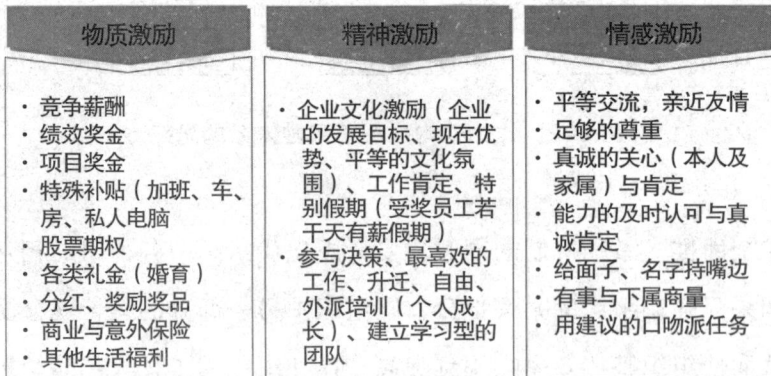

物质激励	精神激励	情感激励
· 竞争薪酬 · 绩效奖金 · 项目奖金 · 特殊补贴（加班、车、房、私人电脑） · 股票期权 · 各类礼金（婚育） · 分红、奖励奖品 · 商业与意外保险 · 其他生活福利	· 企业文化激励（企业的发展目标、现在优势、平等的文化氛围）、工作肯定、特别假期（受奖员工若干天有薪假期） · 参与决策、最喜欢的工作、升迁、自由、外派培训（个人成长）、建立学习型的团队	· 平等交流，亲近友情 · 足够的尊重 · 真诚的关心（本人及家属）与肯定 · 能力的及时认可与真诚肯定 · 给面子、名字挂嘴边 · 有事与下属商量 · 用建议的口吻派任务

图 5-3　员工激励方式

物质激励

物质激励方面主要有固定薪酬与其他福利收益两个部分。固定薪酬主要是指个人获得的固定薪资与福利的变化（含固定薪资与福利），如基本工资、绩效工资、法定保险、假日津贴等；其他福利收益方面主要是指个人获得的非固定其他收益，如各类奖金（含优秀个人奖励）、特殊补贴（加班、车辆、住房、个人电脑）、股票、期权、各类礼金、分红、奖品、商业保险等。这些激励从某种程度上说属于"刚性"福利，在执行过程中需要更注重公平性，特别是评估标准的公平性。

如今的互联网时代，让员工持有一定份额的股票或期权几乎是所有组织都需要在激励政策中设置并考虑的。特别是在创业型的组织中，员工持股计划是一种非常好的留住并吸引人才的方式，有利于提升员工的工作积极性与主动性，让员工与组织共享收益。

精神激励

精神激励方面有企业文化激励和个人成长激励两个部分。企业文化激励主要是指为员工明确振奋人心的组织发展愿景与使命，倡导积极、平等、合作的组织核心价值观，给员工一个明确的、幸福的未来。这其中包括打造学习型组织，建立积极向上的工作氛围，及时修正一些不当行为（如开展员工行为规范检查，对违规人员给予不同程度的负激励等）；个人成长激励主要是员工在组织工作的过程中获得各种成长机会、安排有挑战性的工作等，如工作肯定与授权、扩大与丰富工作内容、特别假期（受奖员工若干天有薪假期）、参与决策、晋升、自由、培训学习机会等。

精神激励可以分为目标激励、内在激励、形象激励、荣誉激励、兴趣激励、参与激励、感情激励、榜样激励等。具体方式有：及时宣传企业愿景与目标、安排有创造性与挑战性的工作、光荣榜、模范员工榜、技术能手、资格认证、新闻人物评选、荣誉称号、民间组织负责人、成立各类兴趣小组、不定期兴趣小组评选、企业图书馆、员工胸牌、文化宣讲与培训、企业宣传片、周年庆典、优秀员工评选与表彰、员工积分计划、各类文体活动、重要节日活动、员工年度大会等。

情感激励

情感激励方面主要是指关怀员工的行为，如关爱有特殊困难的员工家庭、感谢家属支持、与员工进行情感辅导类沟通、与员工建立平等和亲切的感情、给予其足够的尊重、真诚的关心等。

第六章
第四步：让关怀深入人心：战略性员工关系
管理之关键

在战略性员工关系管理模型中，员工关怀工作就像一所房子的装修、装饰，用什么色彩、材料、形状等都是非常讲究的，最终要让生活在这所房子里的人感受到温馨、融洽，且愿意在这里稳定下来并持续贡献自身的力量。如何做才能让关怀深入员工的心里？最重要的是看是否用心、用情。

本步骤将全面阐述员工关怀的价值、员工关怀的方式和员工关怀效果的保障。

第一节　全方位搭建员工关怀工作体系

要想让员工关怀真正有效，除了有针对性的关怀方式外，更重要的是搭建员工关怀工作体系，同时管理者要认识到员工关怀的真正价值。本节将阐释在搭建员工关怀工作体系时需要考虑的四个关键点，即关怀的价值、关怀的内容、关怀的时机、关怀地点。

1. 为什么要重视员工关怀

在互联网快速发展的时代，其实组织间的竞争已经演变为人力资源的竞争。谁拥有一支有战斗力的人力资源团队，谁就能在竞争中占据有利位置，直至取得胜利。如果员工在组织中得不到关怀，工作起来不开心、没有工作热情，又如何拥有工作激情并把工作做到位呢？作为组织，又何来的战斗力、向心力与执行力呢？所以，同沟通、激励工作一样，在战略性员工关系管理体系中，员工关怀作为管理关键点，组织要从员工加入组织那一刻起通过全方位关怀（不论是精神关怀，还是物质帮助），让员工真正体会到组织的关心、尊重，进而让员工产生归属感、认同感，全力做好自身工作，在工作中发挥个人潜能。

腾讯公司在员工关怀这件事上做得很好。腾讯公司给员工的各种福利都很不错，让员工对公司很有归属感。在 2016 年，腾讯拿出 15 亿元人民币，给员工发股票。在 2017 年，腾讯又给员工发了 1787 万新股，奖励 10800 名员工，奖励价值约为 42.2 亿元人民币。

腾讯对员工的关怀不仅体现在发股票这一点上，还体现在工作与生活的方方面面。比如腾讯的在职员工，不论入职时间长短，在待遇问题上都能一视同仁，员工不会因为入职时间短待遇相对差一点。在公司的环境方面，腾讯给员工提供最好的设备和最舒适的环境，让员工感受到家一般的温暖。在工作时间上，腾讯也不会给员工制定硬性的规定，只要能把工作做好就行。所以很多年轻的员工能够按照自己的生活习惯来工作，经常有人中午才去上班。

腾讯对员工的关怀体现在方方面面，员工们从各个细节都能感受到公司对自己的关怀。正因如此，腾讯的员工干劲儿十足，这也是腾讯成功的关键原因之一。

从腾讯的例子我们能看出关怀员工对企业来说十分重要。组织对员工关怀备至，员工一定会以更高的热情投入到工作当中，并用更好的业绩来回报组织。

员工不是机器，对员工关怀是非常重要的事。员工关怀看似与工作本身无关，却和工作有着密不可分的关系。管理者要重视关怀员工这件事，在方方面面都体现出对员工的关怀，让员工时刻都能感受到关怀与温暖。

2. 员工关怀工作的内容

我应邀去阿里巴巴公司杭州总部实地参观学习，除了学习他们的人才发展理念，同时亲自感受了一下阿里巴巴公司对员工的关怀，办公区设置员工健身与休息场所，让员工在工作中能够适时坐下来喝杯咖啡，与同事进行一次轻松的交流。园区里还有许多为员工提供便利的场所，如超市、邮寄店、停车楼等。员工在这里工作基本上没有任何顾虑，可以安心工作，并在健康的工作环境里获得健康。可以看出，阿里巴巴员工的工作是充满激情的，他们的脸上洋溢着笑容，不管面对的是内部同事，还是面对外界客户都是如此。

员工关怀工作要包括哪些内容？每个组织因为发展阶段、企业文化的不同会有不同的方式，在此概括一些共性内容，供大家参考。

（1）人文关怀

组织对员工的人文关怀是非常重要的。当员工感受到组织对他们的人文关怀时，他们就会对企业产生依恋感。这种心灵深处的情感和金钱带来的感觉是不同的。每一个企业都能给员工金钱，但通过人文关怀带给员工家一样的感觉却不是每个企业都能给的。

谷歌公司曾被评为最适合工作的公司，谷歌员工对公司的归属感非常强，这要归功于谷歌公司给员工提供的强大的人文关怀。正是这种关怀让谷歌的员工充满幸福感，继而产生了强烈的归属感。

在谷歌公司，员工就像在家里一样自由。员工可以自己装饰自己的办公环境，怎么舒服就怎么装饰，怎么顺眼就怎么装饰，只要不影响别人就行。谷歌公司给女性员工提供了超长的带薪产假，并且允许员工自己调整产假的时间分配。谷歌公司给员工提供通勤班车、提供免费美食，还提供各种各样的服务。总之，谷歌员工在公司除了工作之外，其他一切感觉和在家里几乎一样。

谷歌公司的人文关怀让员工拥有极强的归属感，并在工作中充满热情，工作业绩普遍都很好。

人文关怀是一个企业长久发展所必须具备的。我们一定要给员工提供足够的人文关怀，这样才能让员工真正爱上企业，以企业为家，也才能真正激发员工内心深处最强的工作动力。

（2）心理辅导

员工心理对工作的影响也会非常大。员工如果在心理上出现了问题，工作就会受到很大的影响。因此，管理者在对员工进行关怀时，也要注意对员工的心理辅导。

现在人们的生活节奏越来越快，工作和生活的压力都很大，心理上难免出现一些问题。管理者如果不能及时给员工做心理辅导，让员工保持积极健康的心理状态，员工的工作绩效就不会好。

宋经理对每一个员工都很关心，当他发现有员工状态不好时总会询问员工遇到了什么问题，对他们进行心理辅导，帮他们从糟糕的情绪和状态中走出来。

一天，宋经理发现员工小晶闷闷不乐，工作时打不起精神来，工作状态非常差。于是，宋经理就把小晶叫到办公室，问她是不是在工作中遇到了什么困难。小晶摇摇头，表示没有遇到困难。宋经理知道她肯定是有什么事，便对她说："我看你今天好像很不高兴，肯定遇到什么事了。你把不开心的事儿说出来，我帮你分析分析。"

小晶这才告诉宋经理原因。原来，小晶今天和男朋友吵架了，男朋友说了很重的话，让小晶感到非常生气。小晶觉得她男朋友一定是不爱她了，不然一定不会说出那样的话。按理说这不属于工作的范围，但宋经理还是认真帮她分析，最终告诉她，男人的心思没有女人那么细，可能她的男朋友当时也正在气头上，说话重了一些，但并不是出自本意。

小晶听了宋经理的分析之后觉得很有道理，心情好多了。她回去工作时不再胡思乱想，能专心工作了。

给员工做心理辅导是让员工保持积极心态的一种好方法。员工的心态积极了，他们的工作效率就会更高。案例中的宋经理正是因为明白这一点，所以尽管小晶是因为私事而有情绪，宋经理还是要给她做心理辅导。

给员工做心理辅导，让员工保持积极的工作状态，员工的工作效率才有保障，企业的绩效才会更好。

（3）最佳的员工关怀时机

战略性员工关怀更讲究超出员工期望的效果，比如在员工实际需求提出或某些需求到来之前，管理者已经为员工考虑到了预案或提前进行了关怀行动，如员工心理方面的辅导、员工家庭关系的帮助、员工情绪与压力的提前缓解等，还有各类重要节假日的慰问、员工特殊日期的祝贺（周年纪念等）、礼物分发等，都需要提前开展。

当然，有些关怀更强调即时性，在员工需求提出时就可以得到及时的解决，如员工结婚、生日、生育、生病等，不能等时间过了许久才去做此事，否则会让员工觉得不受重视，即使事后进行了人文关怀，也达不到预期效果。这一点，也在考验战略性员工关系管理部门在员工信息建立方面的完善性和是否在平时的工作中有所准备等。员工关怀的负责人需要把事项考虑得更周全、更细致，与时效性相匹配，哪怕关怀的方式简洁些，也要及时传递这份关怀的心意。

郑老板手下有一批得力干将，这些人不管在什么情况下，都对郑老板的公司不离不弃。正是有了这批得力干将，郑老板的公司才能渡过一个又一个的难关，发展得非常好。

郑老板之所以能拥有这么多对公司不离不弃的下属，关键在于他懂得在最佳的时机去关怀员工，让员工感受到老板的浓厚情义。这样一来，员工为了这份情义就不会离开公司。

有个员工出了车祸，腿受伤了，需要静养三个多月。郑老板承担了全部的医药费，不但为这个员工保留原来的工作职位，还算他带薪休假。当时这个员工的生活压力很大，每月都要还房贷，郑老板的做法自然得到了员工的感激。

正是这种雪中送炭式的关怀让郑老板留住了每一个员工的心。在跳槽率越来越高的时代，郑老板的公司里却很少有人离开。

掌握最佳的时机，就能让关怀起到最大的激励作用，感动员工甚至震撼员工的心。案例中的郑老板正是因为懂得什么时候关怀员工最有效，所以才能让所有员工都对公司不离不弃。

针对一些常规的关怀项目可以设立一种机制，如每周三下午茶活动、每周五的 "Happy Hour" 活动等，可以舒缓员工工作压力，创造一种轻松且活跃的工作氛围，让员工利用这个时间彻底放松一下，也促进员工间的相互交流与沟通。

所以，对员工关怀事项要注意不同情况下的时机选择。无论何种时机，战略性员工关系管理者要有预先准备的意识，在常规关怀与特殊关怀方面灵活地进行调整，把握住员工关怀工作的目的，最终营造温馨、融洽且感恩的工作氛围。

（4）最好的员工关怀地点

和员工关怀的最佳时机相同，战略性员工关怀也强调关怀地点的选择。原则上，最好的员工关怀地点是在员工工作的场合，因为在这样的场合，员工最能感受到温暖、被关注与被尊重，如在员工工位处送上各类祝福、鲜花、送关怀津贴（生日红包、结婚礼金、生育礼金等）。这样的做法也可以影响团队里的其他成员，有利于营造充满爱意的工作环境。

吴经理经常会在员工生日时，给员工举办生日聚会。这个生日聚会不在别处办，而是在办公室里。吴经理认为，在办公室里给员工举办生日聚会，员工会对办公室产生更亲切的感觉，有利于员工把办公室当成家。

除了给员工办生日聚会之外，吴经理有时也会在办公室里请大家吃火锅。当员工把办公桌拼在一起边吃火锅边聊天时，办公室显得格外温馨。

正是由于吴经理将员工关怀的地点选在了办公室，所以时间久了，每个员工都对办公室产生了一种特殊的情感。办公室显得不再冷冰冰，而是充满了爱和温馨，员工工作时的热情更高了，公司的业绩也更好了。

在工作的地方对员工进行关怀，员工在心里舒适的同时，对办公环境也会产生特殊的情感。所以，在办公室进行员工关怀的效果会更好。

对于一些特殊的关怀，如心理咨询辅导、身体按摩服务、不良情绪处理、工作压力排解等，要选择相对安静与私密的地方进行，体现公司的用心和对员工隐私的尊重，同时让员工可以敞开心扉，达到良好的关怀效果。这时最好将员工关怀的地点选在公司外部，如一些咖啡厅、书吧、茶社或专业机构（EAP 机构）的心理室等。

第二节　系统实施各项员工关怀项目

戦略性员工关系管理中，基于组织健康、轻松的工作氛围营造的考虑，员工关怀的项目非常丰富。每个组织都可以根据自身的实际情况，如发展阶段、经济条件、企业文化、员工特点等方面选择与构建。以下是作者经历并实施的一些员工关怀项目，供大家参考与借鉴（如图 6-1 所示）。

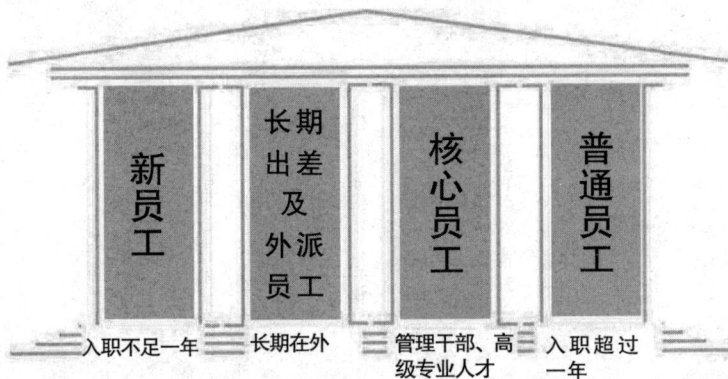

图 6-1　不同类别的员工关怀

1. 不同类别的员工关怀计划

（1）新员工关怀

针对应届毕业生，组织可以为其安排工作经验丰富、工作业绩突出、与大学生有共同语言的员工，最好是司龄不长的毕业生代表来帮助其完成职场转变，为其顺利转换角色；针对已工作的新员工，安排一位司龄较长、对组织文化有较深的了解、业绩贡献较大的资深员工来帮助他们尽快完成企业文化的融合；针对并购进来的新员工，最好安排创业老员工与其交流，重点进行文化融合，让其尽快熟悉并认同组织的文化理念。

某公司新员工的离职率一直比较高。经过对离职员工的询问，经理得出一个结论：新员工离职率高，是因为公司没有对新员工提供应有的关怀，对新员工在工作中遇到的困难不闻不问。

找到了原因之后，经理立即制定了一个策略，在新员工入职时，根据新员工的特点，给新员工指定一个老员工来帮助他渡过最初的阶段。如果新员工是个年轻人，就找相对年轻的员工来带他；如果新员工是中年人，就找中年员工来带他。同时，经理还会考虑到两个人性格是否合得来等因素。

有了这个策略之后，该公司新员工的离职率明显降低了。

对新员工给予关怀是很重要的。新员工对工作还不熟悉，如果没有人来带他会感觉很不自在，可能在公司待不下去。案例中的公司一开始因为不懂得关怀新员工，所以才导致新员工的离职率高。而当公司开展了对新员工的关怀之后新员工就不再频频离职了。

（2）外驻员工关怀

组织对外驻员工进行关怀也是非常必要的。外驻员工不在公司，本来就有一种漂泊在外、无依无靠的感觉，如果公司不对外驻的员工体现出充分的关怀，就会令他们产生不满的情绪，影响公司的业绩与发展。

某公司在国外有员工驻守，公司对这些外驻员工给予了丰厚的待遇。不仅如此，平时公司总是对这些外驻员工格外关怀，让他们身在国外也能感受到来自公司的家一般的温暖。

公司的领导会特别关注外驻员工所在地的天气，一旦遇到天气强烈变化的情况就会提醒外驻员工注意天气变化。公司有活动时领导总是会和外驻员工连线，通过视频互动，让他们都参与到活动中来。

公司对外驻员工的关怀，让每一个外驻员工都感觉特别温暖，所以他们都认真工作，工作业绩相当出色，以优秀的工作结果回报公司对他们的关怀。

案例中的公司因为注意对外驻员工的关怀，所以外驻员工能感受到家的温暖，心态也特别积极，还把工作做得非常好。

外驻员工容易产生孤独和倦怠的情绪，这会影响他们的工作。而组织对他们的关怀则能消除这种负面情绪，让他们把工作做得更好。我们要牢记这一点，并对外驻员工多一些关怀，给他们更多的爱。

（3）核心员工关怀

核心员工是一个企业的中坚力量。组织对核心员工有足够的关怀，才能留住核心员工，让企业能够长期生存和发展下去。关于这一点，那些大企业做得都比较好，比如华为。

华为从一个两万元起家的公司发展成为营收超过5000亿元人民币的大公司，用任正非的话来说，其中很重要的一个原因，就是"分钱分得好"。华为对核心员工可以说是关怀备至，而这种关怀就体现在让他们持股上。

华为有员工持股制度，只要在华为工作一定的时间，就可以持有公司的股份。截至 2016 年底，华为持股的员工人数已经达到了 8.11 万人，大约占华为员工总数的 45%。

正是由于华为对核心员工给予了充分的关怀，让核心员工能够享受到公司发展带来的好处，所以华为员工在工作中都会拼尽全力。这些核心员工已经不是在为别人打工了，他们是在为自己打工。能让员工成为主人，这份关怀可以说是最好的关怀。

员工最希望能够在工作中有奔头，如果只是单纯地赚一点工资，却没有做事业的感觉，员工的积极性就会大打折扣。华为通过对核心员工的关怀，让核心员工把做工作变成了做事业，所以员工不但激情高涨，而且会对公司不离不弃。

如何给核心员工最好的关怀是每一个管理者都应该慎重考虑的问题。解决了对核心员工关怀的问题，公司才能有旺盛的生命力。

（4）普通员工关怀

此层面的员工普遍为专业性工作岗位，一般稳定性较好，因此，员工关怀的聚焦点在于通过关怀的活动增强其团队凝聚力、企业归属感和感恩的心态，以此激发其在普通岗位上不断提升绩效、提高专业水平的目标。可以通过如下三方面来进行关怀：

培训辅导。对于知识和技能不足的员工，可以通过培训来提升，并通过竞争项目来激励他们的学习热情。

工作激励。根据其工作绩效的结果，让其直接上级及时对其进行绩效面谈，予以表扬或工作辅导，使其感受到组织对其成长的关注，从而提升工作积极性、团队凝聚力。

日常关怀。节日关怀、生日关怀等关怀方式要持续开展，让员工始终能感受到公司对自己的关注，从而保持对公司的感情和归属感。

2. 全年员工活动关怀计划

开展与组织员工活动是比较常见的员工关怀方式，即为了某一主题将员工欢聚在一起，这种形式可以多样化。但实际工作中，一些管理者总会觉得活动组织起来很乏味，员工参与度也低，不能达到预期效果。为此，这里特提出一个年度全员活动关怀计划（如图 6-2 所示），即将全年的活动进行统一规划，明确某一主题（如以价值观的关键词为主题），在全组织范围内（含分支机构）开展，而不是想到什么就去做什么（特殊情况除外，如组织业务或结构有重大调整），活动形式不限，具体时间不限（大时间统一即可）。

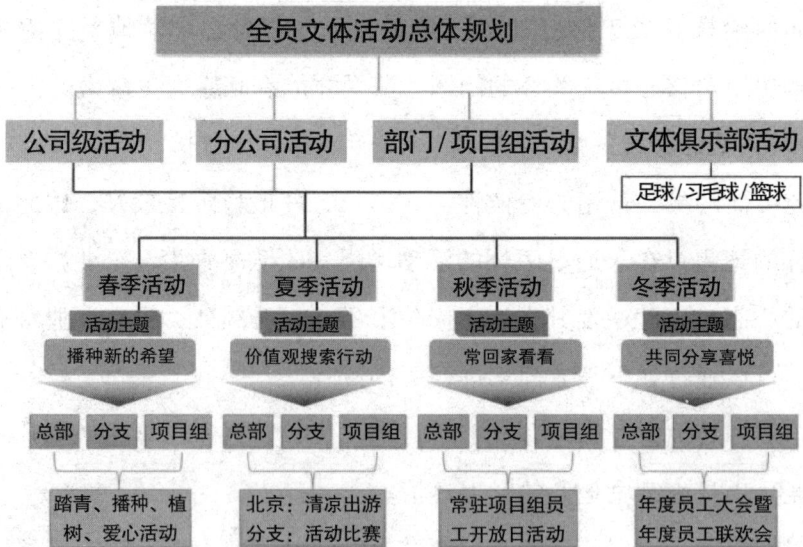

图 6-2　全年员工活动总体规划

某公司每年夏季都会组织旅游，秋季则会在公司举办运动会。而旅游的计划和举办运动会的计划会在年初就发布出来，让所有员工都知道这些活动是如何安排的。这样，员工对活动的事情心中有数，在活动时间到来时既不会觉得太突然，也能积极参与到活动中去。对公司的这种做法员工的反响一直很好，员工的积极性也得到了激发。

案例中的公司将全年的活动计划早早告诉员工，所以员工能够提前做准备，无论是对员工的关怀效果还是激励效果都很好。

通过规划全年的活动计划，不仅让员工清晰看到全年的活动主题及活动安排，便于员工积极参与，同时有利于组织者提前做好活动的各项准备，如场地安排、费用安排、资源支持等。活动的组织过程可与工会组织、文体协会／俱乐部协同进行，保证每次活动的主题新颖、员工参与度高。

如今信息共享已非常便利，组织中负责员工关系职能的管理者可以通过多种渠道获得其他组织在员工活动组织方面的信息，如形式、方式、时间、地点、效果等，为我们开展员工活动提供有价值的参考。既然是共享，我们也要及时将自己组织的相关活动信息分享出来，让更多的同行知晓并获得有益的建议。在此，我不建议照抄做法其他组织的活动，因为每个组织的文化、性质、员工风格不同。同时管理者也不要认为组织活动是一件多么难的事情，只要活动有大的目标与方向，如促进交流与融合、提升凝聚力等，任何形式的员工活动都是有意义的，且要全力落地实施。

3. 企业社会责任计划（CSR）

企业社会责任是一个组织作为社会大家庭成员的一份使命与担当。虽然盈利是组织追求的目标，但组织在发展过程中也要不断回报社会，以获取更长远的发展。这种责任的形式对外体现为社会公益活动，对内体现为员工爱心帮扶行动，既是展示组织对外形象的重要方式，也是体现组织对员工关怀的重要手段。

（1）社会公益活动

①积极参与各项爱心捐助活动，如赈灾捐赠、山区爱心捐款、关爱社会特殊群体及一对一帮扶等。

②植树活动：每年植树节组织一次植树活动，倡导热爱大自然、热爱家园的主题。

③义工活动：与相关义工组织定期参与公益活动；倡导积极承担社会责任，回馈社会的精神。

（2）内部爱心帮扶行动

公司可以设立爱心帮扶基金，以解决员工个人或家庭遭遇的重大困难。除公司及时送达慰问与关怀外，也可以发起内部爱心帮扶行动，例如：

①员工家人患重病，需一种特殊"因子"才能得以救助，公司发动内部员工积极寻找资源，最终帮到了员工。

②员工因工作原因受伤急需住院治疗，公司发动内部资源让受伤员工第一时间住进医院。

③员工家属因手术急需要一笔资金，内部员工积极筹措资金，解决员工的经济困难。

4.员工心理辅助计划（EAP）

员工心理辅助计划（EAP）是组织通过第三方（即员工心理辅助专业机构）向员工免费提供的专业的、带有福利性质的，并且能够绝对保障隐私的心理咨询项目。公司实施该项目的目标是创建一个健康、积极的工作环境，进而提升组织凝聚力和员工归属感。

建立与实施员工心理辅助计划要逐步进行，通常有五个步骤：

第一步，心理服务预热活动：宣传展板、宣传册、内部爱心邮件、健康常识宣传等。

第二步，员工心理健康测评：人格特性、职业兴趣、精神状态等，对象为全员及某些特殊群体。

第三步，心理知识讲座活动：压力管理、情绪管理、婚姻经营、家庭和睦、感情融洽等。

第四步，组织团体小组活动：正确认识自我、增强团队信任、心理危机干预等。

第五步，一对一心理咨询：面对面交流、咨询热线、私人邮箱、微信、短信等方式。

5.员工成长关爱基金计划

为积极帮助员工实现再深造的梦想（如员工获取更高的职业认证、更高的学历及更好的培训机会等），在组织提供一定资金的基础上，各部门自愿发起互助行动，成立员工成长关爱基金组织，接受员工不限金额的资金筹措，专用于员工专项成长机会。

该基金组织由第三方部门（如工会组织或财务部）来负责，设立相应负责人及审批流程，以保证专款专用。每次接受资助并获得培训与学习机会的员工都要在内部进行知识分享，并共享培训与学习资料。

6.员工贴心福利计划

现代组织的人力资源管理中，组织有时为了留住员工会设定各种员工福利项目，实际上真正让员工心动且贴心的福利项目并不多。真能够留住员工的心的一定是那些精心设计并符合员工实际需求的项目，让员工真正体会到温暖，受到感动。

员工生日会。先由系统对次月生日员工提前自动发出生日祝福，并带来公司最高负责人的祝愿；然后月度生日的员工欢聚一堂，每人都能获得生日礼金与生日祝福贺卡（由所在部门全体职员留言，主管领导寄语），进行生日会 Party。

结婚纪念日。纪念日当天员工可以提前一小时下班，与爱人共度浪漫时光。

单身联谊会。不定期组织与外单位的联谊会或相亲会，帮助单身男女员工牵线搭桥。

员工家庭日。组织重要活动时，邀请员工家属共同参与，感谢家属对员工工作的支持。

节日礼金。在国家现有各种法定假日（三八节、劳动节、国庆节、中秋节、春节等）给予不同金额的礼金或礼品，并致温馨祝福。

员工"三必访"。员工在遇到婚期、病期、丧期时，单位一定派人至现场关怀。

商业补充险。在法定社保外，为员工及其家属购买日常医疗报销险，体现组织的人性化。

轻松的办公环境。在办公区设置员工休闲区、休闲活动区，让员工放松心情，提升幸福感。

司龄日嘉奖。员工入职满一定年限会获得单位的祝福与奖励，提升员工的荣誉感与归属感。

加班餐及交通贴。因工作原因加班的员工，单位为其报销加班餐费（含水果、零食等）及打车费用，减少员工疲惫感。

工作会议餐。因工作会议误餐，单位统一为大家订餐。

情感调养假。员工因失恋、离婚情绪不佳或产生心理问题，单位特批其假期，调养身心。

带薪休病假。每月员工享受一定天数的带薪休病假，可以在年度内合并使用。

员工回家日。长期外驻的员工回单位的机会少，可专门邀请其回单位并安排关怀活动。

员工班车。为员工安排上下班班车，在拥挤的都市里解决员工交通出行问题。

节日领导关怀。重要节日，领导带头为员工送去祝福和节日礼品。

加班送餐奶。加班员工因工作无法按时吃饭，由领导带队送去餐、奶等慰问品，送去温暖。

员工小额贷。与一些商业银行洽淡，争取一些优惠，为员工临时需要小额贷款提供便利。

7. 员工健康关怀计划

员工身心健康是做好工作的前提与保障。组织在建立了员工心理辅助计划后，也要在身体健康方面为员工建立关怀计划，让员工拥有一个健康的体魄、良好的身体状态。

健身俱乐部。为员工提供健身服务，与健身机构沟通并获得由健身机构提供的健身服务卡。

建立文体协会。根据员工的各种兴趣与爱好，组织各类文体协会，定期组织员工文体活动。

员工健康体检。每年度组织一次员工健康体检活动，并组织安排体检结果分析。

健康知识讲座。不定期组织健康知识分享活动，邀请专家前来组织授课，提升员工的健康意识。

员工下午茶。在工作日下午的某个时间点，为员工提供水果和小吃，舒缓工作压力。

健康工作环境。为员工配置能够缓解疲劳的桌椅，绿化环境，减少污染，空调适度。

员工工间操。在员工工作期间，安排工间操活动，让肩、颈、眼及身体各部分得到放松。

员工医疗室。为员工日常的小病提供便利的医疗服务，提供日常所需的药品及按摩服务。

办公室瑜伽。如今的互联网时代，有许多关于办公室健身类的公司，不仅提供现场健康支持，而且提供在线的许多健康咨询服务。企业可与这些公司合作，为员工提供不出办公室的专业瑜伽服务，既能放松身心，又能学习专业技能。

第三节　保障各项员工关怀项目做到位

根据战略性员工关系管理工作要求，结合组织的员工关怀工作体系而规划与实施的各类员工关怀项目，管理者要在实践中不断地进行总结与提炼，形成标准的流程与做法，然后再成为一种常态，即不论谁来负责员工关怀工作，都可以直接操作，且与组织文化及员工需求相对应。为了保障各项员工关怀项目做到位，逐步形成一种常态机制，管理者需要做好以下几项工作：

（1）**建立并健全组织中关于员工关怀管理的政策、体系与制度。**这是员工关怀项目正常实施的重要保障，其中包含了组织中各级管理者在员工关怀方面承担的职责与分工。

（2）**在组织中成立员工关怀类组织、人力资源部门设立专职人员。**许多组织中设有员工关怀委员会、员工健康委员会、员工工会、员工关怀专员等。

（3）**搭建组织内部员工关怀工作平台。**在当今互联网时代，组织通过建立网络平台方便员工随时、随地接受组织的关怀，反馈自身对员工关怀工作的意见与建议，形成互动机制。

（4）**组织中领导层与管理者的关注与支持。**组织中的政策与制度对领导者与管理者有员工关怀工作的权责规定，他们需要更加灵活地做好此项工作，并给予此项工作积极的支持与关注。

（5）关怀项目设计要贴心，鼓励员工积极参与。有了政策与制度保障及管理者的关注，还不能让员工关怀项目真正地达到效果，还需要在每次的员工关怀项目策划与设计时，突出针对性与个性化，真正适合员工的实际需求与心理期望，以鼓励员工积极参与。

全方位搭建员工关怀工作体系是做好员工关怀各项工作的前提与保障，也是指导员工关怀项目实施的纲领。员工关怀工作体系要以从员工加入组织时起，在组织工作中的不同阶段所产生的不同需求为出发点，全方位、立体化地进行关怀计划，让关怀工作真正深入员工的内心。要做到这一点，在全方位搭建战略性员工关怀工作体系时要依据以下两点开展工作：

1. 需求分析

只有当我们知道了员工有怎样的关怀需求之后，才能够给员工提供他们最想要的关怀。那么，如何分析员工对关怀的需求呢？我们可以采用图6-3所示的方法：

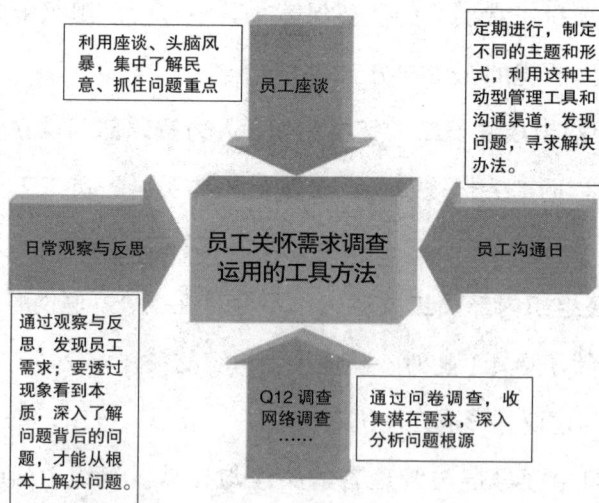

图6-3　员工关怀需求调查运用的工具方法

　　为鼓励近期加班工作并完成阶段性目标的销售部员工，销售部领导分别为销售部经理和销售员工准备了一些物质奖励，特别为销售部经理准备了一辆山地自行车，现场颁发给销售部经理。本以为获得额外奖励的销售部经理应该非常满意，但领完奖品后的销售部经理心情一直很不悦，工作积极性比以前有很大下降，团队管理方面也不是太用心了。

　　为什么奖励没能得到激励作用，反而影响了销售部现有的工作呢？主管领导经与人力资源部同事沟通后才知晓，其实销售部经理的个人需求与其他普通员工是不同的，因为他的收入及家庭情况相对较好，最能满足他需求的不是物质上的奖励，而是一种精神上的认可和奖励，如颁发一个荣誉证书外加五天假期，让其陪家人出去玩一次。这样的奖励同时也感谢了经理的家属，岂不是两全其美。

　　所以，同样是奖励，如果事先不做需求调研与分析，根据不同员工的需求特点（可参考马斯洛需求理论）来进行的话，可能结果就会事与愿违或事倍功半（如图6-4所示）。

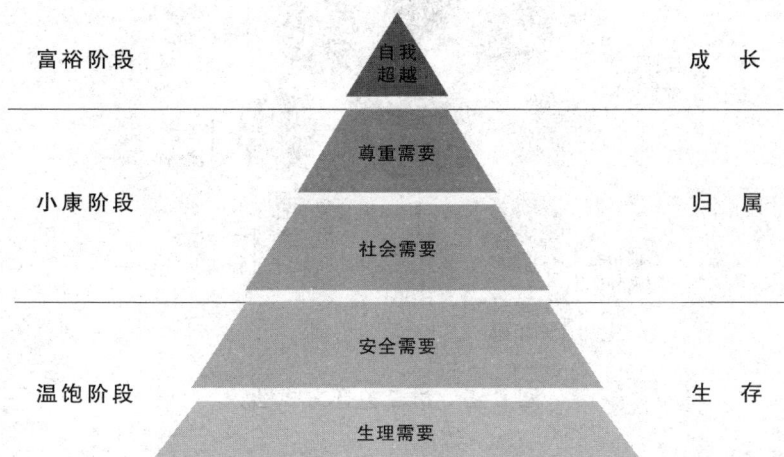

图6-4 员工需求的变化

2. 关怀实施

对员工表现关怀不但要采取合适的方式，还要寻找合适的时机，这样才能达到最好的效果。在对员工进行关怀时，我们应该注意以下几点：

● 循序渐进、体现出关怀的侧重点；

● 事先做好计划；

● 把握好关怀的程度，不要太轻，但也不要过度；

● 多从精神上关怀，能起到更好的效果。

同时，员工关怀要按员工成长历程和工作性质等要求，配合战略绩效实现的要求，分阶段、分层次地对员工实施具有针对性和差异性的人文关怀（如图6-5所示）。

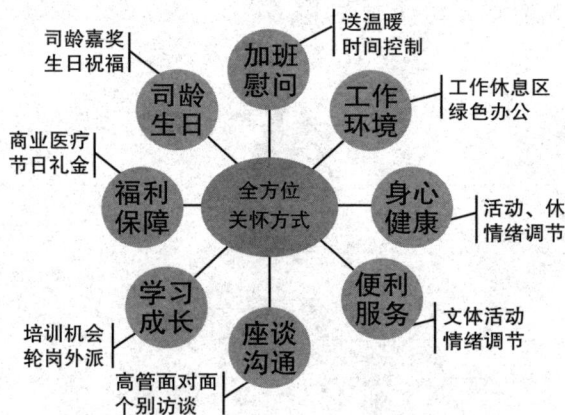

图 6-5　员工关怀方式图

基于以上两个出发点，从员工真正感受到关怀与尊重的角度出发，应构建如图 6-6 所示的战略性员工关怀工作体系：

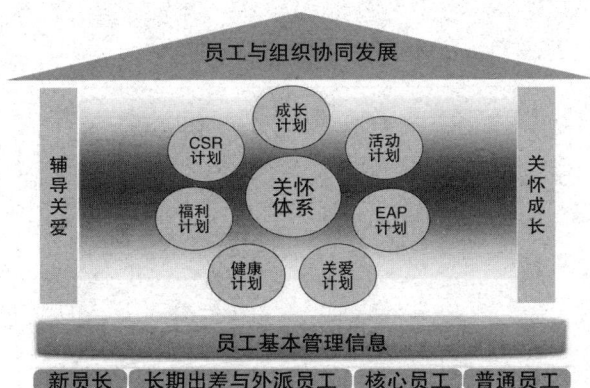

图 6-6　战略性员工关怀工作体系

需要注意的是，员工关怀的各个项目计划并不是独立存在的，而是相互配合、相互补充的，同时要落实到位，这样才能体现出对员工真正的关怀。

第七章
第五步：让发展促进成长：战略性员工关系
管理之根本

在战略性员工关系管理中，员工的发展与成长相当于一所房子的房顶。能否让员工看到希望、发展空间和未来会直接影响组织的发展、团队的稳定。所以，组织的高层及各级管理者对于员工职业发展需要付出真诚的帮助，如为不同阶段的员工提供职业发展规划、职业成长机会，并在工作中帮助其一步步地实现。

本步骤将全面阐述员工职业发展的价值、员工职业发展的方式和员工职业发展效果的保障。

第一节　构建员工职业发展管理体系

运营部王经理近来遇到一件头疼的事情，就是刚刚得到加薪的运营主管提出离职，理由是家中有事需要处理，并且不接受公司给予的假期。王经理所在的公司每年只有一次调薪机会，调薪的人员非常有限，这次王经理费了不少劲才得到这个机会。本以为通过加薪的方式能够进一步调动运营主管的工作积极性，希望其能承担更大的工作责任，但却出现了相反的情况。经了解，运营主管确实得到了加薪，但增加的额度只有其工资的十分之一，运营主管觉得这样的加薪额度是九牛一毛，没有继续前行的动力，故而有了离职的想法。

此种情况的出现其实在互联网时代并不足为怪，因为现代职场人追求的是精神上的认可和多样式的福利奖励，如颁发某种荣誉奖项、为他提供当前最急需的一种服务、解决他正面临的问题，或奖励他参加一次非常有质量的培训等，而不是仅仅增加一点薪水。小额地增加薪水既显得单调又没有人情味，况且增加的幅度远远低于员工心中的预期。互联网时代，不论是产品还是个人的工作，更多地是强调体验感，奖励内容要丰富多样，要能彰显员工的个性需求，应让员工在精神上获得满足感，再适当地予以物质奖励。

一位员工应聘并加入某个平台工作，是因为他看重这个平台的发展和对自身成长的价值。现实中，许多组织都会向员工描绘非常美好的发展前景和个人发展机会，然而员工却不能真正通过自身努力获得应有的成长，虽然组织中的管理者也为员工的成长做了许多努力，如拟定规章、明确标准、建立流程等，但并没有真正去了解员工的发展意愿及成长规划，没有多样化地满足员工的成长需求，而是一厢情愿地认为员工应该朝着某个方向发展，认为只有这样员工才能获得真正的成长。

如何让组织发展前景及发展的政策真正体现及运用到员工个人的实际发展上，从而促进员工的成长呢？本节将重点探讨一下两者紧密配合的因素与措施，让两者产生更多的交集，实现共赢。

1. 员工职业发展工作体系

员工职业发展与职业规划是一项系统性的工作，需要对组织中的各类资源进行综合管理。它涉及员工职业发展通道设计、员工职业生涯规划设计、职业发展机会、职业发展管理机制及员工职业能力培养计划等。图 7-1 为常规的员工职业发展工作体系即员工职业发展规划路径，供读者朋友们参考。

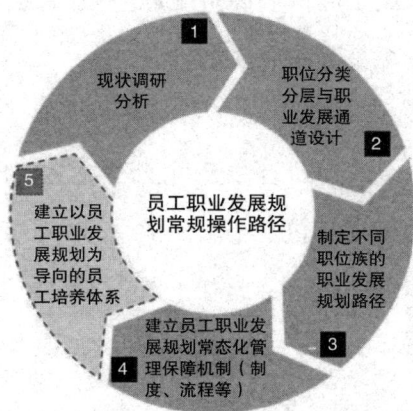

图 7-1 员工职业发展规划常规操作路径

对一名员工的职业发展进行规划一般需要五个步骤：

第一步：对员工目前的职业现状及工作情况进行调研、分析。通过调研、分析，找到员工自身的优势、劣势，找到其擅长的职业技能，明确其职业发展方向。

第二步：根据员工职业发展分析结果，匹配相应的职位、职级，设计该职位、职级的发展路径即职业发展通道。

第三步：针对员工的不同职位、职级，建立不同的职业发展路径标准体系，为不同职位、职级的员工在体系内顺利发展（纵向、横向）奠定基础。

第四步：建立员工职业发展规划的管理机制（含制度、流程），以保障员工发展计划的顺利实施，确保员工职业发展目标的实现。

第五步：针对不同层级、不同职位的员工，建立以提升员工技能为导向的职业培养体系，让员工在不同阶段的职业发展路径上都能胜任各个岗位的能力要求。

2. 员工职业发展政策保障

为保障员工的职业发展，明确员工职业发展的程序与标准，组织的管理者需要制定以下相关政策或规定：

（1）员工职业发展管理规定

这项管理规定是组织中所有涉及员工职业发展方面的总纲性规定，是所有细则与流程的依据，包括了员工的晋升、降级、调动、调岗、职业发展通道及职级体系等内容。此外，对各类职业发展的内部申请与审批流程也要有非常明确的规定。

（2）员工职业发展通道即职级体系

为员工提供一个没有"天花板"的发展舞台是组织与管理者的责任

和使命。让组织中的员工清晰知晓自己所处职位的位置和未来职业发展的方向与岗位，制定一个切实的员工职级体系表。很多的组织里有这样一张职级体系表，但却是无法实施的，因为没有具体分析本组织提供的职业发展机会，同时没有对外界的职业市场环境进行分析，故该体系是否从组织的实际出发是判断该体系能否实施的关键因素（如图7-2所示）。

互联网时代员工的发展路径是多样的、互通的（纵向、横向），而且不同路径都能在组织中获得比较好的成果，如岗位职级、岗位薪酬与福利等。传统意义上，管理职级是判别一个员工发展好坏的标准，也是大家争相追宠的对象。而在如今的互联网时代，员工追求的是自身价值与潜力的最大化，趋向于自己喜欢且擅长的工作，而不再一味地追求成为管理职级人员。所以，作为组织管理者特别是人力资源部门中的战略

序列 职级	高级序列（E）	管理序列（M）	专业序列（P） 技术类	专业序列（P） 管理类	操作序列 （O）	支持序列 （B）
18	E3 总裁					
17	E2 常务副总裁					
16	E1 副总裁					
15		M5 总裁助理				
14		M4A 正部级	P6 首席专家	P6 业务总监		
13		M4B 副部级				
12		M3A 正处级	P5A 资深专家	P5A 资深业务经理	O7 一级技能师	
11		M4B 副处级	P6B 专家	P5B 业务经理	O6A 二级技能师	
10		M2A 一级主管	P4A 一级资深工程师	P4A 一级资深专员	O6B 三级技能师	
9		M2B 二级主管	P4B 二级资深工程师	P4B 二级资深专员	O5A 资深高级技师	
8		M2C 三级主管	P4C 三级资深工程师	P4C 三级资深专员	O5B 高级技师	
7		M1A 一级组长	P3A 一级工程师	P3A 一级专员	O5C 技师	
6		M1B 二级组长	P3B 二级工程师	P3B 二级专员	O4A 一级技工	
5		M1C 三级组长	P2A 三级工程师	P2A 三级专员	O4B 二级技工	
4			P2B 初级工程师	P2B 初级专员	O3A 三级技工	B4 高级工
3			P1 见习工程师	P1 见习专员	O3B 中级工	B3 中级工
2					O2 初级工	B2 初级工
1					O1 见习工	B1 见习工

决策层：■ 核心层：■ 资深层：■ 经营层：■ 经营层：■

图7-2 常规员工基本职级体系图

性员工关系管理者，为员工创造一个没有"天花板"的多通道发展路径，不仅是员工充分发挥优势的保障，也是组织可持续发展的人才保障。

（3）各职级岗位任职资格与胜任要求

每个岗位对应的职级与职等都会有所区别，同时同一职级有不同的职等，如同为经理职级，对应的职等是初级、中级与高级也会不同，所以需要对每个职级、职等的任职资格与胜任要求做出明确的规定。有了这样的规定，员工在晋升、调岗、调动时就有了标准依据。

（4）员工职业晋升管理规定

依据组织职业发展管理规定，结合员工职级体系及岗位胜任要求，为需要晋升者制定明确的晋升标准与条件，让员工晋升工作在组织内既公正又公平。一般组织中的员工晋升有定期与不定期两种。常规的晋升是定期进行的，因为业绩考核往往需要某个时段进行，如每年开展一次。当然，不定期晋升随着组织的不同阶段要求也会成为一种常态，因为此种晋升方式既能够及时激励员工，也能够促进组织短时期内取得非常突出的业绩结果，营造积极上进的工作氛围。

通常情况下，员工晋升管理规定的基本内容包括：晋升原则、晋升类型晋升基本条件、晋升程序（分定期晋升、不定期晋升）、晋升评估（评估方法、评估方式）、晋升后安排（晋升面谈、晋升公示与公告、薪酬福利调整、晋升提升计划）。

（5）员工培训管理规定

完善的职业发展管理体系要有一个完善的培训管理机制，以保障其顺利实施并达到预期目标。组织中常见的是员工培训管理制度，主要规定培训形式、培训课程、培训纪律等，同时要对接受一定金额的培训者约定其在组织中的工作年限等。

3. 员工职业发展资源保障

随着组织对员工职业发展的重视，许多组织不仅有非常规范的职业发展管理体系，而且还专设职业发展岗位来具体推进与执行员工职业发展工作。这个岗位一般与人力资源部门的组织发展部相关联，主要职责为监督、执行并反馈员工职业发展过程中遇到的问题及需要的支持，这种职能往往由战略性员工关系管理者来承担，因为此项工作涉及到员工与组织间的关系，即员工能否在该组织中有一个良好的发展并持续为该组织服务。

根据组织规模的不同，对于员工职业发展的资源保障不应局限于设置某一专岗（小型组织中即如此），而是需要组织中各层资源的支持与推动，如组织中成立员工职业发展与规划委员会，由主管人力资源的各级负责人组成（包括业务部门的一把手），讨论与决定员工职业发展政策、审批流程及审核员工职业发展工作推进情况。有些组织在绩效考核指标中明确规定各级管理者应有的员工职业发展考核指标；还有些组织直接为不同层级的员工如新员工、异动员工、新上任的管理者或领导者等安排指导人，以帮助其尽快熟悉与胜任新环境、新岗位。

第二节　开展员工职业生涯发展规划

组织中的员工在其上级和人力资源管理者的帮助下，依据组织的职业发展政策规定，基本上都进行过个人职业生涯的规划。其中有简单版——口头沟通加一张表单，也有全面版——书面沟通加个人发展表单。但真正执行起来却会遇到许多阻力，如工作忙碌、工作压力、工作心情、上级的管理水平（含人力资源管理的水平）等。同时，执行过程中若没有进行适当的调整，让不正确的职业目标一直坚持下去，也会影响员工职业生涯的发展。本节将从如何正确规划职业生涯与开展职业生涯规划培训的角度，让员工的职业生涯规划工作真正落到实处，切实可行。

1. 正确规划职业生涯

规划职业生涯从正确认识对职业生涯进行规划的价值与意义开始。人的一生中在职业发展机会方面会面临许多的选择，是否选对适合自己发展的职业并在该职业领域努力做出比较好的成果，直接关系到一个人的生活品质及社会价值。所以正确规划并实施自己的职业生涯能够帮助我们实现这种品质与价值。

　　两年前，我获得了一个外派异地工作的机会，从零开始组建项目公司的团队。当时，我的工作经历了许多坎坷与挫折，最终走上了正轨并正常运营。这其中我有过许多机会，可以随时改变现状，但因为自身的职业定位与目标十分清晰，我始终没有忘记自己为什么来到异地工作、希望从异地工作中获得怎样的成长，所以我面对许多诱惑时一直保持着积极、乐观的精神状态。

异地工作要抛家舍业，如果仅仅为了那份薪水是坚持不下去的，或者坚持时间不会太久，因为一个人在外地生活会非常孤独与寂寞。而如果心中有非常清晰的职业目标，那么就能够很好地利用这个时间去获取更多的经验。比如，我在工作中最希望有所挑战，回去后可以总结分析，另外，我深知任何岗位都是需要专业与积累的。

面对快速发展的时代还有日益忙碌的职场工作，有时候我们容易忘了当初设定的目标，甚至忽略了自身具有的优势，出现随大流的情况，不能真正结合自身实际去规划自己的职业生涯，进而不能坚守自己的职业生涯目标。这是很多人都会出现的职场问题。

找准方向后贵在坚持，坚持就是希望与胜利。

如何正确地规划自己的职业生涯呢？职场现实中，虽然每个人都会有自己的职业生涯规划，但真正能够实现职业生涯规划目标的却不多，这其中最主要的原因是没能掌握正确规划职业生涯的方法。以下为读者总结出四条正确的职业生涯规划方法（如图7-3所示）：

（1）符合实际需要

首先，在确立职业生涯目标时要考虑到社会与企业的需要。如果职业生涯目标与社会或企业的需要不相符，目标就失去了意义，也难以实现。例如随着数码相机的普及，相片胶卷行业基本成为夕阳产业，将职业生涯目标定为成为胶卷配方工艺专家，则将来很可能面临职业目标难以实现的窘境。

图7-3 员工职业生涯规划时需考虑因素

（2）幅度不宜过宽

在确定职业生涯目标的过程中最好选择窄一点的领域，并把全部身心投入进去，这样更容易获得成功。如把目标定为一名管理专家就有些宽泛，因为管理具体包括 HR 管理、项目管理、财务管理、物流管理等许多领域，要想成为全面的管理专家不太现实。但如果想成为一名人力资源管理专家，经过长期的努力就有可能实现。

（3）长短期目标结合

长期目标指明了个人发展的大方向，既可以防止短视行为也可以鼓舞斗志；而短期目标则是实现长期目标的保证，短期目标的达成能使我们体验到达成目标的成就感和乐趣，鼓舞自己为取得更大的成就向更高的目标前进。

（4）结合自身优势

将目标建立在个人优势的基础上更能发挥个人潜力，使自己处在主动有利的地位。因此，在确立职业生涯目标时我们应有意识地选择与自己才能相符或相近的领域，而不是盲目追逐社会热点或仅凭自己的兴趣做决定。

在我们身边，有些人的职业生涯很成功，有些人的职业生涯则不太理想。其实并不是他们没有能力，也不是他们不努力，而是对自我角色定位有所偏差。如对数字不敏感的人做了财务工作、在意与计较别人收入的人做了薪酬工作等，往往都不能取得很好的结果。只有做出正确的选择，在实施过程中才能做到不迷茫，才能时刻保持积极的工作状态与精神面貌。我们一旦确定了目标就要不忘初心，方得始终。职场中以下现象比较常见，值得我们思考并应避免发生。

第一种现象：这山看着那山高，看到某个职位好，就想调岗去那个岗位。即便最终调岗了，如果只凭兴趣和感觉，并未考虑性格特点、特长、职业倾向等因素，最终也不能在新岗位上做得很好。

这种现象给我们的启示就是，要准确地进行自我职业发展方向的定位。

我们对于生活的追求与向往其实决定着我们的职业选择。我们今天的工作与状态实际上是我们最初进行职业选择的结果。以下几种方式可以用来测评与观察自己的个性特点和职业发展倾向，也能帮助我们准确地进行自我职业方向定位。

个性特点的测评方式：专业测评机构测评、人力资源专家建议、日常同事与上级的评价等。

不同职业的性格特点：如人力行政管理者属于外向偏内向型；、销售与客服人员属于外向型；财务专业与管理人员属于内向型；技术生产与研发人员属于内向偏外向型。

职业倾向测评工具：霍兰德测评工具将人的职业倾向分为现实型、研究型、艺术型、社会型、企业型、常规型，另外还有16PF、MBTI、DISC等测评工具。

不同职业人员的表现特点：

①从平时的兴趣方面观察，喜欢表达与交流的人适合做招聘、培训与销售类工作。

②创新想象力丰富、主意比较多、喜欢观察的人适合做策划、市场营销类工作。

③有非常好的记忆力且对数据比较敏感的人适合做财务、档案管理类工作。

④对科技感兴趣并喜欢科技类知识的，适合做技术、研发类工作。

⑤对政治、法律感兴趣且平时喜欢研究法律案例的人适合做法律顾问、法务类工作。

⑥亲和、抗压与协调力比较强的人适合做人力资源与员工关系类工作。

第二种现象：对于组织给予的提拔不满意。按自己的计划，一年当主管、两年当经理、三年当总监，结果工作没做好，还被降职或调岗。有些人因为不切实际的目标急于求成，为了追求职位头衔而跳槽去别的小公司，结果也只是改变了名头而已，相关薪酬与能力并没有提高。

职场中不要太关注眼前的利益，要脚踏实地切合自身实际地设定职业发展目标，不然会很容易迷失自己，模糊职业发展目标，所以要做到淡泊明志，宁静致远。

设立长期目标

职业目标：自己内心最终努力的目标。

经济预期：希望达到的经济目标，如年薪、私车、房产等。

影响力：通过学习与提升一些方面，提升自己的影响力范围。

预期时间：要切合实际，符合自己的情况；短则躁进、长则不拼。

确立当下目标

职业能力分析：要分析自己的胜任力情况、提升的方向，同时找准切入点进行提升。

经济预期：要把当下的岗位作为学习与积累的机会，不必过多考虑得失，能够保证生存即可。

时间积累：要切合实际、不急于求成、要耐心坚持与积累。

在职业目标实现的过程中，不断地学习并借鉴成功人士的职业轨迹和他们在此过程中的一些经验与教训，同时要不断听取人力资源专家及职业指导专家的建议与意见等。当然，在进行自我职业生涯规划时也要考虑当下的许多环境因素，因为它们对个人职业生涯的发展也存在着极大的影响，只有顺应环境的需要，才能最大限度地发挥个人优势。为此，我们需要对外部环境进行评估分析，了解环境条件的特点、发展、需求变化趋势、存在的机遇和限制等，从而帮助我们准确地确立职业生涯发展目标（如图 7-4 所示）。

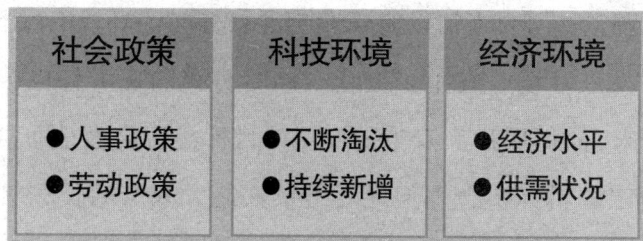

社会政策	科技环境	经济环境
●人事政策 ●劳动政策	●不断淘汰 ●持续新增	●经济水平 ●供需状况

图 7-4　职业生涯外部环境因素

2. 员工职业生涯规划的动态调整

我的团队中曾有位同事一直从事薪资与内部员工人事档案方面的工作，主要负责薪资核算、社保与公积金缴纳、内部员工人事档案管理方面的事务。她的工作结果比较一般，大问题没有，但小问题比较多，比如档案信息总是不完善、社保数字总会有一点差距，还好工资数基本上没出过问题。我对这些方面把关得比较严，但每次把关都会发现他会出现一些核算项漏掉的部分。对这些问题，其实该同事也是清楚的，也在非常努力地进行改进，但就是无法做到毫无纰漏，而且做的过程中她也比较痛苦。

针对此种情况，工作中我在不断观察，发现其实该同事除了工作需要外经常与各部门同事进行沟通，而且非常愿意参加各类员工活动，并能在活动中承担某些职责，表达与协调能力也非常强。我就把其最初设定的职业规划材料拿出来，并与其进行了充分沟通，根据其个人优势与意愿，结合单位的一些新情况与工作部署，最后对其岗位进行了调整，将她调整至企业文化与员工关系岗位，同年她就被评为年度优秀员工，工作状态与精神面貌都焕然一新。

员工的职业生涯规划不是一成不变的，经过一段时间的实施后要进行评估与调整，因为当初设定职业生涯目标时的环境（社会、政策、法规及组织发展环境）发生了变化，同时自我的优劣势也会在工作中逐步体现出来，故而回过头看当初设定的目标是否合理是非常必要的。如果当时设定的目标不合理但还要继续实施，只会给员工带来职业困惑，员工会因目标不能达成而带来心理压力，进而工作不稳定（可能会选择离职等），影响工作绩效和组织的发展。所以，要让员工的职业发展更加顺畅、方向保持正确，管理者要不断地对其职业生涯规划进行动态调整。

对员工职业生涯规划的动态调整有以下方法：

（1）结合环境条件变化进行分析

当员工职业发展规划实施一段时间后，内部和外部的环境条件也将发生许多变化，此时管理者要对变化的环境条件进行分析，结合分析结果对员工的职业发展目标做出相应的调整，以提高动态调整职业发展计划的准确性。一般来说，外部的环境变化分析包括市场变化（如需求变化、人才的稀缺程度等）、行业变化（如技能发展趋势、行业环境等）、政策变化（国家法律、地方法规）；内部的环境变化分析包括上升途径（途径增多、途径减少）、发展通道（业务扩大、业务萎缩）。

（2）把握不同时期员工的调整时机

员工身处不同职业生涯时期，调整的方式也有所不同，要保证其在正确的时间做正确的事情。员工职业生涯目标调整的时机主要有员工入职期、员工发展期和员工瓶颈期。员工入职时期是比较容易进行调整的时期，因为此时的职业方向尚未确定，职业发展属于模型阶段，调整起来便利十足，主要根据观察培训结果、岗位实践（如岗位技能提升程度）和工作能力（领导力、时间管理等）方面进行调整。在员工发展期调整职业发展方向要及时，发现问题后不能延缓，以免增加员工心理障碍，同时避免在调整时出现不可预见性，主要是通过前期及时观察发现（如通过职业发展指导人）、中期沟通谈话（讨论解决方式）、后期跟踪改进（匹配岗位能力与职责）三个阶段进行调整。员工处于瓶颈期时，管理者要多想些途径和方法，通过与员工沟通找到突破口，如通过多向通道（岗位与技能相近）、确定方向（与员工商讨是否变更职业发展方向）、适应期选择（通过三个月适应新岗位）等进行调整。

（3）建立员工职业发展调整的工作机制

持续关注并调整员工的职业发展需要建立工作机制，包括反馈机制、计划跟踪、调整考核等内容。反馈机制主要包括建立一个反馈工作小组（由人力资源部门牵头）、资源配备情况（职业发展指导人的资格等）；计划跟踪主要是指通过绩效考核的结果，发现一些职业发展方面的问题并进行跟踪与改进；调整考核主要是指对培训指标、意识指标、素质指标与技能指标等进行调整。

3. 系统开展员工职业规划培训（员工职业发展学习渠道）

没有培训与学习的渠道，职业生涯规划就好比无源之水，没有办法真正落地并达到职业发展目标。所以，针对员工职业规划中的能力提升与岗位的胜任力，除在工作中进行实践外还需要一系列的培训措施。组织中常见的培训与学习渠道有以下六种（如图7-5所示）：

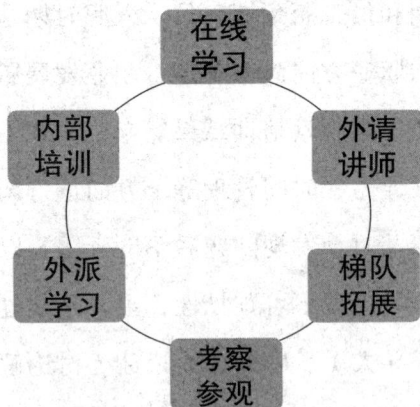

图7-5　组织中常见的培训与学习渠道

（1）在线学习

指在组织内部成立网上学院，根据组织特点与员工需求设置一定的在线课程，员工可凭学习账户与密码随时随地进行学习。

（2）内部培训

包括内部知识分享（含各专业系统、管理技能、在线与外化课程）、新员工入职培训、新制度解读培训。

（3）外请讲师

指从外部专业机构聘请讲师来组织内部培训，主要课程为领导力提升课程、中层管理技能课程、专业技能提升课程等。

（4）外派学习

指派员工外出去参加某类专项课程的学习（含公开课程），提升某方面的专项技能。

（5）梯队拓展

指为某类梯队成员设立的旨在提升职场软技能方面的培训，如沟通、合作、压力与情绪管理等培训，常见的课程有梯队企业文化建设类课程、团队建设类课程等。

（6）考察学习

指到同行标杆型企业进行实地学习，开展专业系统主题交流，以提升本组织的发展能力。

第三节　全面培育与提升员工职业化素养

员工管理者不仅要在工作中指导员工做好本职工作，为员工正确开展工作指明方向，而且要通过工作不断提升员工的职业化素养，提升员工高效工作的能力，如时间管理能力、计划管理能力、人际沟通与情绪调节能力等。同时，通过授权与委托的方式培养员工自主思考并独立完成某项工作的能力，让其具备独立思考的能力与强烈的责任意识。员工职业技能与意识的提升需要各级管理者与组织中的人力资源管理者一起，特别是与战略性员工关系管理者一起做好培育工作，因为后者更加关注员工的潜力发挥和良性职业心理。

1. 培养职场成功必备软技能

在职场中工作的每一个人，不管是管理者，还是员工，都希望通过自身的努力实现既定的职业生涯目标。良好的人际关系、时间与计划管理能力及沟通表达能力都是实现这一目标的关键因素。不管你处在职场中的哪个阶段，学习与提高自我管理能力都是非常必要的（如图 7-6 所示）。

工作中，我们通过每个具体事项的处理得到相应的经验与教训，然后再重复与提高。同时，团队管理者、组织的领导者也要在员工的成长过程中不断提供指导与帮助，让员工在能力提升方面得到鼓励，更加明确努力的方向，以共同实现团队或组织的业务目标。

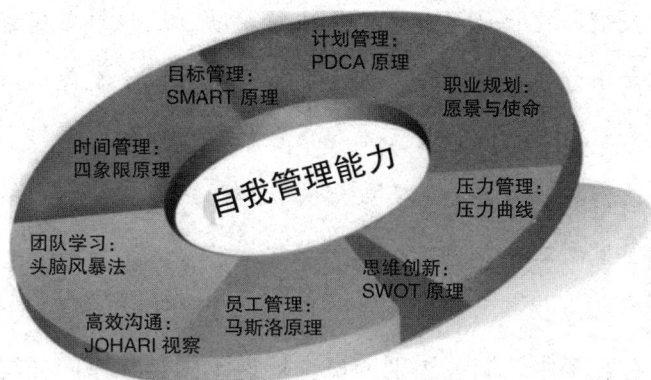

图 7-6　自我管理的九项能力

2. 职业心理辅导与培养

健康的职业心理是做好本职工作的前提保障，员工如果不具备良好的职业心理，不仅不能够安心地做好自身工作，而且会影响周围员工的正常工作情绪，同时影响自身的心理健康，产生心理疾病。所以，工作中良好、健康的职业心理状态非常重要。

一般来说，人的健康有两种：一种是身体健康，一种是心理健康，而在纷繁复杂的职场中，很多员工都处在心理失衡的亚健康状态。那么，员工如何保持心理健康、快乐地工作和生活呢？下面来看一下职场中常见的两种职业心理现象。

现象一：觉得受到了不公平待遇而心理失衡

有一位员工在某次公司发放奖励时比同事少拿了奖金，他非常生气，觉得自己受到了不公正的待遇，对公司及上司很不满，然后开始在公司内部传播负面消息，见到努力工作的同事他就说不需要那样努力，工资就那么点，奖金也不会多，等等。时间久了，团队中努力工作的同事也没有了激情，他自己也感到工作成了鸡肋。这位员工想过辞职，但觉得不值，而不辞职的话工作起来又没什么意思，于是他焦虑不安，烦躁紧张的情绪与日剧增。该员工本想借散播负面情绪报复一下公司，结果搞得自己的情绪也非常差，直接影响了自己的工作状态和绩效，也影响了自己和同事间的关系。

其实，在职场中，同一级别的员工待遇不同、工作同样努力但得到的奖金不同，这些都是很正常的一种现场，毕竟个人与上级对工作结果的认识是不同的，看待问题的角度也是有差异的。如果遇到这种情况，该如何调整自己的心态，让自己不受负面情绪的影响呢？

遇到以上情况时，有如下几种调适心理的方法可以借鉴：

（1）**要积极地思考**。如果得到的结果真的不如别人，那一定是自己有哪些工作做得不好，整体绩效不如同事。所以遭遇不公平待遇的员工应积极反思哪些工作做得不好，以后要更加努力。员工要多从自身找原因，而不是一味地与他人比较。

（2）**要调整好心态**。如果员工真的是做得不错，而领导就是没有给出相应的回报，员工也要调整自己的心态，因为这个世界本来就是不公平的，怨天尤人、散播负面消息于公于私都是没有任何好处的。

工作中，即使出现了不公平现象，我们也要在不公平中干出公平来。例如，有人工作量比别人大、管的事情比别人多，但工资待遇却与别人一样。但在这种不公平的情况下，通过自己的努力，终于在上级岗位空缺时得到了机会，就是因为这个人在工作中获得的经历和积累的经验更多。以前我有位下属，只要分配给她工作她都不会拒绝，因为她觉得所有的工作都是在一个体系里的，也是以后职场成长中需要学习的，只是她现在提前学到了。

所以我们要记住两句话：合理的要求是锻炼，不合理的要求是磨炼。玉不琢不成器，人必须经过打磨才能获得成长。

有个老奶奶每天愁眉苦脸的，邻居们都不知道发生了什么事情。有一天，一个邻居就向她询问，她说出了事情的缘由。她说，她有两个女儿，大女儿是卖扇子的，小女儿是卖雨伞的，天晴时小女儿的生意就不好，天阴时大女儿的生意就不好，所以她就整天不开心。这位邻居听后对她说，如果你换个角度来想想呢，比如想天晴时大女儿的生意就会好，天阴时小女儿的生意就会好，这样她们都会好起来的，你难道还不开心吗？老奶奶一听立即就开心了，以后就不再郁闷了。我们职场中的工作其实并不是鸡肋，有时候换个角度想想，心态就会好起来。

（3）**知足常乐**。在我们觉得获得的比别人少的时候，不要总往上看，要适当往下看看，多看看那些同样付出努力却比我们获得的更少的同事，心里就会好受些。

（4）**要有感恩的心**。我们要对身边的人有一颗感恩的心，感恩那些伤害你的人，他磨炼了你的心态；感恩那些欺骗你的人，他增进了你的智慧；感恩那些诋毁你的人，他激发了你的斗志。感恩一切让你成长的人，因为人生是一个过程，工作只是过程中的一部分，工作中遇到的情况都值得珍惜。

有时候，得到不一定是好事，没得到也不一定是坏事，塞翁失马，焉知祸福，所以得失成败不可定论。

现象二：工作失去了激情，心理亚健康

职场中的白领、骨干和精英们永远把工作当第一，也是唯一，从毕业后就进入到工作模式，个人生活几乎没有了。竞争激烈，经常加班，精神高度紧张，时间久了就会头疼焦虑，经常处于亚健康状态。同时，处于这种状态的人也会厌倦职场中尔虞我诈，工作中没有动力，失去了工作激情，有可能会患上抑郁症。

遇到以上情况时，有如下几种解决方法可以借鉴：

（1）**找到产生影响的原因**。人与人是不同的，通常影响人的心态的有生物学与社会学两种因素。前者如自身素质、身体疾病；后者如工作压力、竞争压力。

（2）**树立新目标**。对于员工来说，要调整一下学习视角，不断地更新自我，包括树立新的目标。

（3）**保持活跃**。培养爱好、多加强运动。运动使人放松，也能帮助我们进行生理调整，体质好了，心情就会好。

（4）**保持联络**。多与朋友、家人保持联络对自己的情绪调节也是有好处的。因为人是群居动物，大家的帮助与交流是我们力量的源泉。

（5）**保持好奇心**。好奇心是大人与小孩的区别。小孩有好奇心，总是用欣赏的眼光看待这个世界，他们爱所有的东西，不管是美的还是丑的，而大人的好奇心往往丢失了。

工作是生活的一部分，要想解决工作上的问题，还是要先解决生活中的问题。从生活的角度看，我们需要重新塑造生命的活法，这样我们就会搭上快乐的列车，驶向幸福的彼岸。

3. 高效工作技能培训与提升

"我真是无法忍受，让他写一个报告，我都把要求与做法告诉他了，结果还是达不到我的要求，而且还耽误了这么长时间。说说他吧，他还不服气，觉得很委屈，这样的员工我不要了，着急又上火，一定要重新招人替换他！"某部门负责人正向人力资源部部门经理发着牢骚并抱怨。这个场景正是职场中一些管理者的真实写照，其原因是管理者因为没能在工作中培养员工具备某种能力，没有掌握一定的管理与培养员工能力的方法，同时不能真正明确管理者的角色定位，故而会出现这样的情况。

员工的上级或管理者在工作经验与感悟方面要优于员工，员工的某些能力局限其实正好能体现管理者的价值，因此要通过管理者的指导与管理让员工具备某些方面的能力，以便更高效地开展工作。所以，在工作中管理者不仅要加强对员工各项工作技能的培训（提高策划能力、组织协调能力、课件制作能力和文字书写能力等），而且要学会适当放权给员工，由其自主安排与实施某项具体工作，如事前让员工发挥自己的能力去组织与策划，事后由员工进行总结与汇报；管理者在指导过程中要把关并做出指导性意见。不能一看到问题或当员工的某种工作方式与自己不符时，就去纠正，而要允许员工尝试用不同的方法来解决某个问题，让其从问题中总结出经验和教训，管理者事后再做点评。经过几个轮回后，员工就会真正找到问题的最佳解决方案，最终成为上级的得力助手。

整个过程中，管理者充当的是教练的角色，要在关键点上给予员工指导性意见，其他方面由员工根据实际情况进行决策，并给予员工改进和调整的时间与机会。员工真正掌握了比较高效的工作技能后就会对工作产生信心，工作胜任力也会提高，此时管理者就可以去关注更大范围或更高视野的事情，与员工形成良性互动，进而增强员工的归属感与稳定性。

在当今互联网快速发展的时代，以发展促成长，就是让所有与员工发展相关的政策与管理方式符合员工的实际成长需求，与员工的优势、个性与发展意愿相对应，而不是让员工被动地接受，或者完全不考虑员工的实际情况。战略性员工关系管理者具有推动组织中员工的工作朝着良性、正确轨道进行发展的职责，某些重要的职业发展工作（如核心员工、管理层员工）要亲自牵头组织，制定系统与可执行的实施方案，让两者既是交集又是并集，交集即用人所长，并集即求同存异、海纳百川，形成良性互动与共赢的工作局面。

第八章
第六步：让和谐成为主调：战略性员工关系管理之导向

　　在战略性员工关系管理中，和谐的劳动关系相当于一所房子的根基，是所有员工关系管理工作的前提与基础，如果没有牢固的根基，其他工作也可能达不到应有的效果，而且做得越多、影响面越大，可能负面的因素也会更多。

　　本步骤将全面阐述劳动关系的价值、劳动关系的沟通管理方式和劳动关系效果的保障。

第一节　如何构建和谐的劳动关系机制

做好战略性员工关系管理中的劳动关系工作，管理者的首要工作就是要建章立制，让劳动关系事件处理有法可循、有制度可依。在此基础上，管理者要明确各种角色的分工与职责，在明确的流程指引下开展工作，同时在处理员工关系事件前要对双方的情况有非常准确与全面的了解。管理者不能遇到问题就匆忙处理，若再加上职责不明，就容易乱作一团，因为此时事件既紧急又敏感，稍有不慎便会让前面的许多工作付之东流。

1.建立劳动关系处理工作机制

现实工作中，许多负责员工关系职能的工作者没有事先建立一系列的工作机制，让本来容易沟通与处理的劳动关系事件进一步升级、恶化，最终需要投入更多时间、精力与资源来处理。管理者在与员工沟通时，如果没有掌握法律相关依据、没有明确本组织的相关劳动规定，或管理者因不熟悉这些规定而临时去查找，就会让沟通时间过长，使自己的工作陷入被动。同时，管理者如果缺少外部资源，关键时刻得不到应有的支持，就会让事件久久得不到解决。为此，积极建立劳动关系处理工作机制非常重要，主要包括以下几个方面：

（1）外部的政策与制度

《中华人民共和国劳动法实施条例》《中华人民共和国劳动合同法实施条例》《属地市劳动合同条例》《企业职工患病或非因工负伤医疗期规定》《劳动争议法律适用会议纪要》《劳动争议调解与仲裁法》。

（2）外部的法律资源保障

与专业的法律机构合作；聘请专业的法律顾问；结交法律界的朋友、资深同行。

（3）内部的劳动关系管理制度

《员工手册、劳动纪律管理规定》《员工劳动合同管理制度》《劳动关系异动管理规定》《员工基本工作规范的专项规定》《员工考勤管理制度》。

（4）内部的流程与表单

《劳动纪律处理流程》《员工沟通记录表》《员工奖惩表》。

（5）内部的相关资源保障

法务部门、审计部门、财务部门、行政部门。

2. 建立劳动关系处理工作流程

在建立了以上劳动关系工作机制的基础上，要对劳动关系事件处理流程有一个明确的规定，同时明确各配合部门的职责，让劳动关系事件处理工作既具有专业性，又提高效率。相关职责分工及工作流程如图8-1所示。

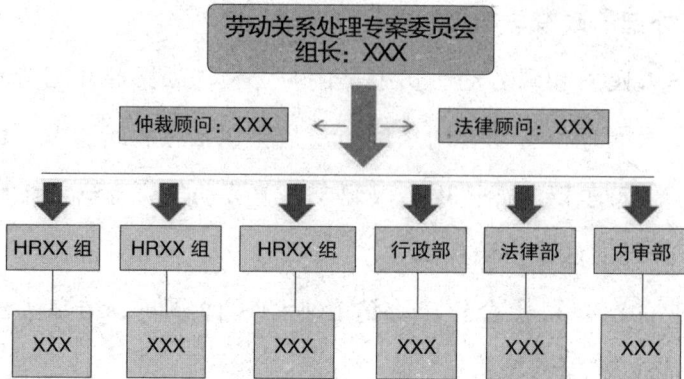

图 8-1　重大劳动关系事件处理专家委员会架构图

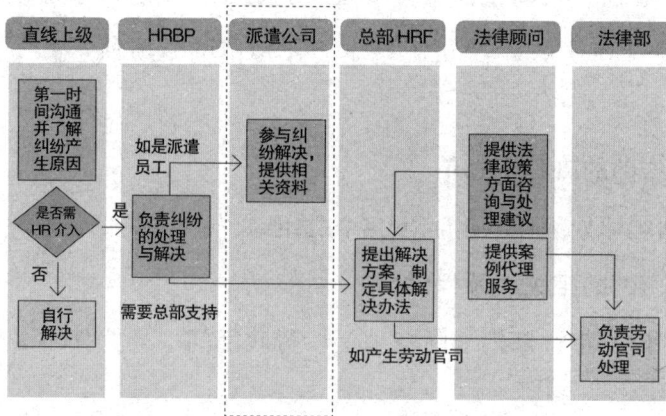

图 8-2　员工劳动关系事件处理工作流程图

3.建立内部员工档案管理系统

组织建立员工档案系统的目的是从新员工入职起记录其在组织中的各种工作经历及事项，包括工作经历、获得的奖惩、发展过程等，同时全面且准确地保存其个人重要联系信息。此系统能为顺利且有效解决劳动关系事件奠定坚实的基础，所以在工作中要不断地完善该系统，保证其准确性、完整性。

除建立完整的员工信息管理档案外，其他五方面的劳动关系管理也需要加强。

（1）员工入职管理

对新入职的员工所进行的管理就是员工入职管理。对于员工入职管理，应该有专门的部门和人员负责。从员工面试、来到公司，到熟练掌握工作内容，都应该由该部门和人员来协调处理。

（2）员工离职管理

员工离职时容易产生一些纠纷，因此，对于员工离职的问题管理者一定要重视起来。公司应该设立相关的部门，并制定合理的程序和方案来解决员工离职的问题，确保员工离职时双方能够"和平分手"。

（3）员工信息管理

对员工的信息管理也是一件很重要的事。员工的信息属于内部信息，对外部要保密，这样才能保证员工信息的安全，同时也不给其他公司挖墙脚的机会。对员工信息管理要建立完善的体系和制度。

（4）劳动合同管理

员工和公司之间的劳动合同要按照劳动法、劳动合同法等法律法规的要求来操作。管理者把与员工之间的劳动合同做好，让员工感到放心和满意，是保证劳动关系和谐的重要一环。

（5）劳动争议处理

当员工和公司出现劳动争议时，如何处理争议既关系到公司的形象，也关系到员工对公司的看法。只有处理好和员工之间的劳动争议，才能让员工对公司更加信赖。

第二节　怎样和谐处理劳动关系事件

实际工作中，负责员工关系的同行们经常会觉得员工劳动关系事件难以处理，有时甚至会焦头烂额。所以，有时为了做好此项工作，员工关系管理者会参加各种培训或研讨会，听取其他同行的经验，但结果却不是很理想，因为大家所处的单位不同，同样的事件，发生的背景、产生的原因等可能都不同，无法准确地去借鉴同行的做法，最终造成了只有思路而不能具体操作的尴尬境况。在此，建议同行们还是先修炼内功，即学习与掌握劳动法的相关规章，然后有针对性地去选择听取一些讲座或参加一些交流活动，事前了解活动安排、主讲嘉宾、解决内容事项等，带着问题和思考去学习，这样才能既有收益，又能解答心中的疑惑。

结合以上分析，对于劳动关系事件的有效处理从结构上要做好两件事情：一是在机制层面，要结合现行劳动法，建立适合本单位的劳动关系管理制度、组织与流程，保障在员工劳动关系处理过程中既有理有据，又有组织保障，并且各自职责分工明确；二是在实操层面，要结合本单位实际管理现状组织专题培训、个案交流、知识学习与案例分享，让管理者能够熟知技巧，有效避免违法违规情况的发生。在此需要强调的是，针对以上两件事情建立机制往往比较容易，但真正推进与深入需要主责员工关系的同行投入精力与时间，同时需要有足够的耐心，这一点不管是对管理者还是处于劳动关系事件中的员工本人而言都一样。

1. 新劳动合同法后常见劳动关系问题及解决技巧

2008 年 1 月 1 日，《中华人民共和国劳动合同法》正式实施了，该部法律重点规定了劳动合同的书面制订与劳动合同的短期化问题，同时强调了和谐。该部法律是处理所有劳动关系的基础，它在劳动法的基础上，对许多方面做了比较明确的规定，可操作性很强。

对于第一个问题，新劳动合同法明确规定公司与员工要签定劳动合同，明确双方的劳动关系，最大程度地保护劳动者的合法权益。现在社会中的一些组织和个人缺乏诚信，出现纠纷与问题后很难解决，所以要订立书面劳动合同，即便对簿公堂也有证据。既然订了合同，就要说清楚双方的权利与义务。

对于第二个问题，劳动合同以固定期限为主、无固定期限为辅，大量的短期且固定的劳动合同造成了现在的合同短期化现象。这样的话，用人单位有着非常灵活的自主权，想终止就终止，想续签就续签。实际中往往都是一年一签，但在签到 8 年、9 年或 10 年的时候就不签了，因为按此前劳动法的规定，用人单位不需要给予劳动者任何补偿。这个时候，劳动者再去社会上就业就会非常困难，因为他的黄金年龄已经过去了，青春已经不在了，而社会上许多企业在招聘时往往要求劳动者的年龄不超过 35 岁。这个年龄段的人往往是家里的顶梁柱，上有老下有小，重新就业确实压力很大。这样的话，他们的家庭生活及个人生活都将受到严重影响，如果这类人是一个群体的话，就会出现社会问题，也是对人力资源的浪费。

只使用黄金年龄的劳动者的企业非常普遍。这里有一个德国的案例。德国的一个航空公司只招收年轻漂亮的职员，因为年老色衰的空乘会影响企业的效益，后来那些不年轻、不算漂亮的人就告了这家公司，法院在审理中质疑企业，让企业拿出证据，企业拿不出来，结果只能招用这群人。而实际来看，这家航空公司任用这些人之后反而在效益方面有了非常好的结果，这些人虽然不年轻不漂亮（可以称作"空奶"了），但服务质量非常好，为企业赢得了正面形象，因为坐飞机的乘客不一定都是去看那些年轻漂亮的空姐的。所以，企业只使用富有青春（年轻漂亮）与拥有黄金年龄的劳动者是不道德的，这种行为在国外是违法的。

现在很多企业都在做"最佳雇主"和"最具社会责任感企业"的评选，如何才能成为"最佳雇主"和"最具社会责任感的企业"呢？就是对员工进行人性关怀和保护。无固定期限的合同在西方长期的市场经济发展中是最有利于稳定劳动关系的，而短期的合同行为会造成合同不稳定，只利用劳动者的青春在一定的时候就会终止合同。这种短期行为会造成员工与企业间的忠诚度低，相互间缺乏忠诚，员工工作缺乏稳定感，企业不信任员工，员工不愿提高技能，用人单位不愿意培训员工，这样员工的技术得不到提高，企业就很难招到技术工人。

有段时间，在大连非常缺少技术人才，有时候即使找到了，这个人可能也留不住。怎么办呢？当地企业只能从海外去招人才，去日本聘请那些已经退休的人员来担任技术工人，所以技术岗位的工人非常缺乏。我国这些年来的发展成果虽然举世瞩目，但主要是靠廉价劳动力、靠大量的加工与贴牌生产在维持，而拥有知识产权和商业机密的企业在我国是不多的，中国今后要持久、良性地发展就必须提升劳动者的素质和能力水平。所以现在国家通过立法稳定劳动关系，不仅对劳动者就业是一种维护，同时也能促进企业放长眼光，要求企业去培养人才，让企业有持续与良性发展。这也是新劳动合同法强调扩大无固定期限劳动合同的出发点。

那如何扩大无固定期限劳动合同呢？首先是对固定期限劳动合同订立的次数进行了限制，规定订立固定期限劳动合同的次数只能是两次，两次后，如果劳动者希望继续签订，应该签订无固定期限劳动合同（第14条第三项），此条款是赋予劳动者的权利，除非劳动者自己放弃继续签订劳动合同（如图 8-3 所示）。

劳动合同法第 25 条第一次非常明确地规定，对一般的劳动者不能规定违约金，这对未来劳动者的流动与素质的提高是非常有好处的。有人担心这样的做法不利于劳动力队伍的稳定，实际上并非如此，劳动力流动是劳动者的自由与权利。

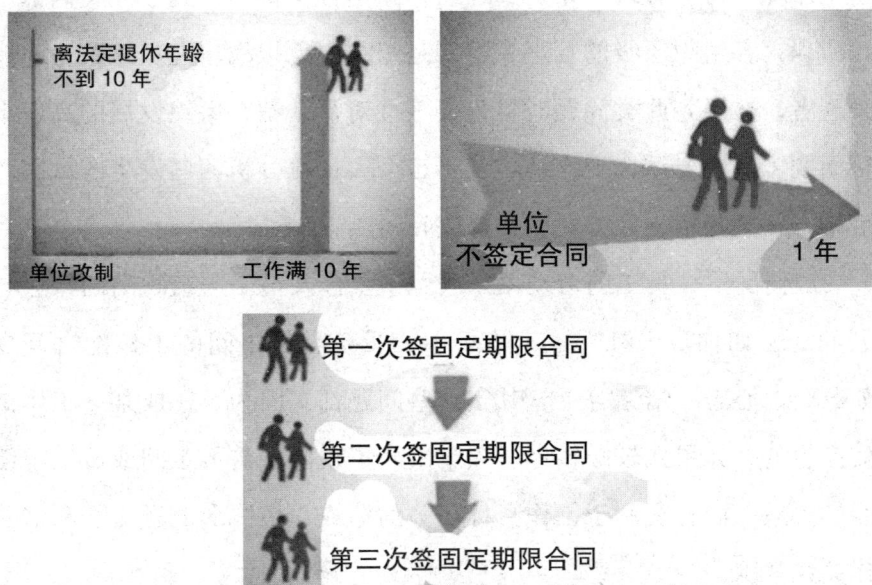

图 8-3 扩大无固定期限劳动合同条件

针对以上两种情况，作为用人单位首先要从意识层面上进行重视，即重视劳动合同法规定的出发点，并非对用人单位的限制。而在某种情况下，保护用人单位的用人权，提升员工对用人单位的归属感，有利于用人单位人员的稳定性和业务拓展的持续性。在操作层面上，要积极地与所有劳动者签订劳动合同，并按规定明确劳动期限，不要因此发生即时的或以后的纠纷情况，让劳动者安心工作，经营者用心经营，形成良性互动局面，实现共赢结果。

2. 正确认识并处理劳动关系问题

俗语说，有人的地方就有江湖。在一个组织中，许多员工来自五湖四海，有着不同的成长背景及个性特点，在同一个组织目标下工作，相互间难免会有些分歧、矛盾或纠纷，这是很正常的，属于人民内部矛盾。所以，各组织层级的管理者特别是组织中承担战略性员工关系职能的管理者，在遇到此类问题时首先要理性对待，站在组织发展的高度来看待问题，其次要结合工作环境及员工个人情况分析问题发生的原因，最后结合相关规定，妥善处理并解决问题。

一般情况下，员工的劳动关系问题主要涉及员工与组织间的待遇与福利问题（如加班、社保、工伤等）、员工与员工间的工作配合问题（如分歧、心态、情绪等），其实这些问题都是因为要达成某一工作结果而产生的，如果比较顺畅地予以解决，不仅能融洽员工间或员工与组织间的关系，而且有利于工作目标任务的达成，最终形成融洽、和谐的工作关系氛围。

一般劳动关系纠纷有几大种类（如图8-4所示）：

投诉类	争议类	其他类
·依权谋私	·离职纠纷	·工伤事故
·处事不公	·辞退方面	·情感问题
·私自报销	·违纪方面	·诚信问题
·不良表率	·加班费	·管理方面
·领导问题	·薪资福利	·……
·管理不力	·人际关系	

图8-4　劳动关系纠纷种类

典型案例分享：劳动关系纠纷与处理

案例一：员工失踪了怎么办

那是一个初冬时节，南方还在深秋，北方已经进入冬季，在有风和雨的日子里，人们外出已经需要穿羽绒服了。晚上下班后，某管理者突然接到一个消息，说有一位三天前从南方分公司去东北出差的同事，一直没有消息，电话不接、信息不回，其妻子和家人非常着急，需要通过总部了解该同事的情况。经过向其部门领导及同事了解，此种情况确实异常，不符合该同事的一贯行为，公司马上判定这名员工可能是失踪了，当即向该同事户籍所在地及出差地公安部门报了案。

第二天，作为总部代表，管理者一方面安抚其家属，一方面马上前往出差地进行寻找工作。到达出差城市时已经下过两天的雨了，季节基本属于冬季，但找人要紧，顾不上严寒。一行人在分析了各种可能性后（交通事故、生重病、被拘留、商场购物意外等）开始分头寻找，重点查找医院、机场、商场、公安部门，开通交通广播，并时时与总部及其家属保持联系。

经过一天的寻找，仅通过监控发现了该员工的一点行踪，发现其在机场和在某商场购物后就再无任何线索了。寻找团队几乎找遍了所有大型医院，还有附近的派出所，皆无消息，交通广播不断地进行着寻人启示的播放。最后大家又希望公安局通过其电话及网络监控查到一些消息，但最终都一无所获。

在经历三天的寻找后，基本判定该同事已不在这个城市，但他去了哪里不得而知。最终在公司和家人焦急等待的第七天，该同事出现了，原来是约人去了另一个城市，原因是其有心理问题，需要找个与现有生活相对隔离的环境。

此事后，公司同意给这名员工一些假期调养，根据调养结果决定其是否继续在公司工作。

我们发现，员工的短暂失踪确实会给公司和家人造成了不小的麻烦与困扰，但作为员工关系工作者，冷静与理性地对待当时的情况非常重要，既要真诚且投入地处理好此事，也要及时沟通并反映公司态度及现场情况，这是对家人非常重要的安慰，也是一种企业文化的宣传方式。案例中公司事后的总结与安排为员工及其家属展示了公司的态度和人性化管理，也获得了公司员工们的理解与支持。

案例二：自动离职索要补偿引发的官司

某员工在个人提出离职并办理完离职手续后，向公司提出补偿金的要求，理由是离职时有胁迫行为，不是其当时的真实意思表达。此事提出后，公司人力资源部门员工关系负责人与该员工进行了沟通与了解，发现其实并非如此，而是该离职员工听信了一些人的建议，说可以以此方式获得一些补偿。该离职员工没有任何证据证明公司的做法有问题，只是想侥幸获得一些利益。

在与其进行及时沟通并给出指正建议后，还是不能打消该离职员工的念头，最终该离职员工提出劳动仲裁。在没有得到劳动仲裁支持的情况下进入诉讼程序，直到终审，最终该离职员工的诉求没有得到支持。经过三个多月，该员工为此付出了一定的代价，也买了一个教训。

对于企业来说，与离职员工进行充分沟通，同时按程序办理各种手续并保留相关材料是非常必要的，也是员工关系管理者的重要职责。有时候，诚信不仅是对企业的要求，也是对企业中所有员工的要求，社会是公正的，不诚信的行为最终会得到应有的惩罚。

案例三：上下级沟通不畅产生的冲突

某部门经理近期与一下属女员工闹得有点不愉快，下属员工在推进经理安排的工作时很不理想。最终员工坐不住了，找到人力资源部员工关系负责人，要求处理这种紧张关系。经了解发现，其实该员工与经理之间没有特别大的事情，就是上级在安排工作时的态度不好，久而久之，下属员工心理出现一些抗拒，在工作时没能完全按上级要求的节奏来开展；而上级觉得该员工也有问题，不仅是工作技能有问题，而且心理也有问题，以至于在部门例会上两人出现对峙的紧张情况。

这个情景也许是我们员工关系负责人经常会面对并需要去解决的问题。此类问题的解决方式就是，在充分了解双方的情况后找到问题的关键点（不需要太多，1～2个关键点即可），然后把双方当事人叫到一起，把问题摆在桌面上，让其相互阐述，我们在中间做调节，最终一定会顺利解决。这类问题产生的根源往往是双方的立场与沟通方式不同，如果有第三方介入，这类问题很容易就可以解决掉。员工关系负责人要在工作中善于发现并及时帮助解决问题，以免矛盾升级到不可调和的地步或产生更重要的影响，到那时解决起来就不太容易了。

案例四：办公室里抽烟的投诉

集团某分公司人事部小刘向总部人力资源部反映，某员工不满分公司总经理在办公区抽烟，相互间产生了分歧，让本来不太和谐的员工关系雪上加霜。人事部门的同事面对员工投诉总经理的情况一时不知如何处理，故而向总部人力资源部求救。

事情虽不算大，但关乎工作氛围和员工关系，所以总部人力资源部员工关系负责人第一时间对有关情况进行了了解与沟通。天高皇帝远，分支机构的一把手往往就是一言堂，虽有制度但未必遵守，故而此种情况频频发生。面对这种情况，管理者首先要明确规则与要求，向该分公司总经理提出警告，由总经理在全员会议上检讨自己的行为并对遵守制度表态；然后与投诉的员工沟通，在肯定其行为的同时，告知其应适当宽容并谅解一些工作中的行为，理解某些行为的改变需要一些时间，一看到这些行为就希望对方马上终止的想法是不现实的。

在此事处理的过程中，管理者并非生硬地去按规定办理，而是在多次沟通并形成共识的基础上才决定如何执行。这样一来让一直比较紧张的员工关系获得了非常大的缓解，也更进一步增强了员工与管理者之间的信任与理解。在年度优秀表彰中，该分公司总经理获得了年度最佳领导力奖项，分公司团队也获得了最具执行力的团队奖项，各方都感受到了非常高的荣誉。

员工关系管理者在遇到此类事情后，要敢于积极面对，既维护制度的严肃性，又要关注当事人的心理与面子。不能让一些看似无关紧要的行为蔓延，也不能因为怕得罪人而打太极。互联网时代，如果不能及时地处理好此类事件，很容易让事件扩大传播，到那时处理起来就会非常被动了。

案例五：对恶意挖人等不正当竞争行为的处理

职场中的人才流动很正常，但某些公司为了自身业务的需求会挖一些同行企业的人才，甚至连挖一个团队，让被挖的公司在短时间内不得不中断某些业务，影响被挖企业的正常运行。此种现象在互联网快速发展的时代确实难防。

对于同行业大量挖人的情况，虽说在情理上被人谴责，但在法律上并没有不合法的说法，所以很多时候留住人才靠的是企业与员工相互间的信任与理解，同时做好相应的沟通，直至达成某些协议。

从实际操作来看，我们要先让企业间高层达成一致，在用人方面不能相互挖墙角；然后在人力资源管理层面，相互招聘人才时不主动去挖对方人才；最后如果出现违反上述情况的行为，以法律函电的形式告知并警示对方，避免该行为的进一步发生。

案例六：员工集体仲裁如何办

某公司因内部业务调整需要集中裁掉一些人员。公司按劳动法的相关规定办理裁员事宜，同时考虑到员工的实际情况给予了被裁人员一定的补偿，大部分员工都表示理解并顺利办理了相应手续。其中有一位员工不服公司的做法，想得到更多的赔偿（如假期折算、赔偿金等），经与公司沟通不成，便招集其他几位尚未办理完手续的员工启动了劳动仲裁程序。经过三次仲裁活动（因为涉及不同人员，其间有特别情况出现），最终以调解方式顺利解决此事，这些员工并未得到所谓的额外赔偿。

本案例中，员工存有侥幸心理，认为仲裁部门会支持员工，但仲裁一定是公正的，如果公司没有问题，仲裁部门就不会支持员工的主张。整个过程中，公司人事部门依据相关法律规定，对此次的裁员行为进行了备案、沟通及合理的补偿，做了充分的准备，针对该员工的非理性做法也进行了积极应对。所以，针对员工集体仲裁，公司人事部门要合理、合法地进行相应的准备与应对，同时也要与仲裁部门进行积极沟通，如实上报情况，相信法律是公正的。

第三节 如何保障劳动关系的和谐效果

在如今共享经济的时代，一个组织要想拥有一个和谐、高效的工作环境，是需要组织中每位成员付出努力的，而非是某一两个部门能做到的。工作环境是共享的，只要全体成员都付出了努力，大家就会去珍惜并保持好的工作环境氛围。所以，在进行战略性员工关系管理的过程中，主责人需要调动全员提升和谐劳动关系的意识，逐步培育全员不断认识并理解劳动关系问题的有效避免或顺畅解决对于组织与个人发展的重要价值。

1. 培育管理层合理应对劳动关系问题

各级管理者在劳动关系和谐处理的问题上，起着非常重要的作用。作为员工的直接上级，不仅要指导员工开展业务、提升工作能力，更重要的是为员工创建一个和谐与积极的工作氛围，包括高效沟通的工作环境、健康的职业心理环境和人性化的关怀环境。

管理者要将注意力从关注业务、业绩逐步转移到关注员工上来。因为管理的本质是通过他人取得工作成果，而非自己单枪匹马地什么事情都包干，那样做看似短期的效率提升了，但员工的能力并没有得以提升、员工工作时的心态并没有从被动转为主动，也不利于整个团队的建设。所以，管理者要关注团队的建设、员工的成长，同时关注员工在成长过程中遇到的问题（劳动关系问题、思想问题、能力提升问题等），通过不断地给予其工作机会（包括犯错与改进机会），在工作实践中不断提高工作能力，逐步形成一个通过发挥优势、取长补短的工作团队。

某公司是一个以结果为重、用工作结果决定薪资和晋升的公司。公司管理者为了带领团队完成任务也费了不少力气。特别是研发部，为了赶上公司的研发任务进度要求，不惜实行了封闭式管理，员工吃住都在公司，在完成任务前不能踏出公司半步。有的员工三四个月不能回家，这让员工感到非常不满。常常一个项目做下来，有不少员工会产生抱怨的情绪，甚至提出离职。

研发部管理者见状赶紧向高层领导汇报了这个问题，并商议对策。高层领导说："你这样要求员工谁都受不了。要切切实实地关注员工，制定合理的工作计划和策略，让员工感受到公司的关爱，他们才会心甘情愿地付出。"管理者听了领导的话，立马改变了管理策略，对下属员工关爱有加，而且制度更加人性化，并对下属展开了劳动关系培训。这下员工踏实了，不要求加班的时候反而会主动加班完成任务，研发部的员工工作更主动、更高效了。

案例中，研发部的管理者改变了管理策略，关爱员工并展开了劳动关系培训。这对员工来说就是高层次的信任，更是一种激励，员工因此变得锋芒倍出、干劲十足。当然，开展对员工的劳动关系培训尤其重要，要配合组织中的战略性员工关系管理者一同进行，因为员工所站的角度与理解的深度与管理者有一定的差距，通过培训能让两者完成了沟通与交流，员工的思想问题会逐步解决，接下来就是安心地开展工作了。

2. 培育员工层正确看待劳动关系问题

组织中有层级关系，而且每个层级的人的角色都不同。基层员工在遇到劳动关系问题或事项时自然会相对比较局限地从自身角度考虑，这是比较正常的，也是可以理解的。但如果管理者不能对员工及时进行沟通并培训，员工的某种看法一旦形成固有观点就无法再改变了，比如员工总认为有了劳动关系问题就一定是组织的原因，或习惯性地去抱怨、宣传、找组织高层等，不能理性地看待并分析自身原因，不愿按组织固有沟通渠道去逐步解决等。

为此，工作中积极培育员工在遇到劳动关系问题时的正确意识和积极思维非常重要，不仅影响员工自身劳动关系问题的解决，也会对新员工是否能够正向认识这些问题产生影响，进而影响整个团队及组织的文化氛围。实践中，经常与团队成员保持沟通、利用团建活动化解一些小的矛盾、部门会议中安排分享活动、工作群中转发相关文章及邀请富有经验的同事或专业人员进行现场交流等，都是非常好的做法，效果也非常不错。

3. 积极发挥工会组织的价值与作用

工会作为代表员工的组织，在单位中起着非常重要的作用，在员工心中也非常有权威。战略性员工关系管理者在遇到劳动关系问题或推进某项劳动关系项目工作时，一定要和工会组织积极沟通，发挥工会在员工心目中的价值与作用，采用多种形式与手段开展工作。比如管理者遇到了劳动纠纷事件，此时可以把情况告知工会，由工会介入与员工进行协调解决。

这样评估与优化战略性员工关系管理

　　任何一个组织的发展，不论是业务经营还是团队管理，都需要经历一个从不成熟到成熟的过程，需要经历不同的发展阶段，最终走向完善与规范。战略性员工关系管理工作也是如此。伴随着组织的发展，战略性员工关系管理在不同阶段会呈现出不同的问题。这些问题的顺利解决，需要对战略性员工关系管理工作不断进行评估与优化。

第九章
评估战略性员工关系管理工作

　　经过了前面对战略性员工关系管理的搭建、规划与实施后，需要对该项管理工作的结果进行评估。通过评估管理者不仅能够知晓管理工作的有效性、合理性，也有利于及时发现组织现存管理中存在的问题。

　　本章内容从战略性员工关系管理工作评估的意义、方法及如何分享并运用评估结果的角度，对战略性员工关系管理工作进行全面的评估、检视、更新与完善，以确保战略性员工关系管理工作的价值。

第一节 评估战略性员工关系管理工作的意义

临近岁末年初，北京某科技集团公司人力资源部门正在召开年度总结大会，对上年度人力资源管理工作进行总结，同时对新年度的工作进行规划与部署。在负责员工关系管理的王经理汇报完毕全年开展的各项员工关系管理工作后，总经理提出了两个问题：1.过去的一年里，通过员工关系管理，公司的人力资源队伍对整个组织战略目标的实现的贡献在哪里、有多大？ 2.在下一年度员工关系管理工作中，将进行哪些方面的提升与改进？

这是两个看似容易回答但需要系统思考的问题。当时王经理没能清晰地回答总经理的问题，而是简单罗列了一些工作及结果后便没有话了。其实，总经理更想听到的是现在的人力资源队伍的整体工作状态及一年来大家取得的变化（如执行力、职业化、成熟度等），同时想了解目前的员工关系管理工作是否站在组织发展的角度进行及还有哪些需要提升与改进的地方。

战略性员工关系管理工作往往是琐碎的、复杂的，我们有时无法跳出主观的角度来看问题产生的根源、把握问题解决的方法，而会走进一个默守常规的循环中，无法让该项工作真正提升人力资源队伍的整体能力，进而有助于组织战略目标的实现。所以，阶段性地对战略性员工关系管理工作进行评估非常重要，对持续做好此项工作具有深远的意义。通过评估，我们的工作思路会更清晰，同时更能深刻理解此项工作的底层逻辑及与组织战略方向、经营目标的关系。

《哈佛商业评论》中曾经提到一句话："任何企业最大的资产，都是那些长着双脚，到处走动的人！"而让这些人能够在组织中发挥个人潜能并为组织目标奋斗的最佳措施，是为他们提供最佳工作环境，如便捷的物理工作环境、和谐的人际沟通环境、积极向上的工作氛围，这也正是战略性员工关系管理的价值所在。

为了更好地提升战略性员工关系管理的价值，在工作中不断地对战略性员工关系管理工作进行评估具有非常重要的意义，主要体现在以下几个方面：

1. 检视战略性员工关系管理工作措施的有效性

在员工关系管理工作中，不仅有大量的活动组织，而且有许多的关怀事件，还有人际关系沟通、奖惩激励等，管理者一定要不断地总结与分析这些工作的有效性，及时进行调整、评估与优化，以保证工作措施的有效性。

2. 发现组织管理中存在的问题

在某种程度上说，积极且全面地开展员工关系管理的各项工作，是检视人力资源队伍稳定性、凝聚力及对组织认同度的一种方式。通过开展员工关系管理评估工作，可以发现组织管理中存在的企业文化导向问题、组织架构设置问题及组织管理制度的合理性问题，帮助组织更加良性地发展。

3. 组织中管理者的管理水平与管理胜任力

一名合格的团队管理者不仅要是业务上的高手，更应该是团队人心管理的行家。团队往往因为没有很好的向心力、凝聚力，而无法实现团队目标，团队成员也不能获得很好的成长。所以对如今的团队管理者而言一定是关心人的因素要大于关心事的因素，这样才能让团队更有效率与执行力，进而能够高质量地实现团队目标。

4. 战略性员工关系管理者的能力与水平

阶段性地评估战略性员工关系管理工作的结果，可以逐步认识到员工关系管理者的能力与水平，进而不断地明确员工关系管理者的职业发展规划，并不断地调整与优化不同发展阶段的工作。

5. 组织中员工的职业化水平与心智成熟度

员工的成长与发展是需要一个过程的，组织人力资源队伍的成长与发展更是需要一定的方式、方法帮助其实现。通过开展员工关系管理评估工作，可以发现在员工成长与发展过程中的职业化水平与心智成熟度的达成情况，同时判定这种情况对组织目标实现的实际贡献价值。

总之，战略性员工关系管理评估工作具有重要意义，值得企业管理者深思和把握。

第二节 战略性员工关系管理工作的评估方法

战略性员工关系管理工作的评估方法有很多种，又根据组织的性质与发展阶段而有所不同，常规的评估方法有：开展员工满意度与敬业度调查活动、现场调研与外部客户访谈活动及内外部员工关系状况诊断。

1. 员工满意度与敬业度调查活动

通常情况下，各类组织都会进行年度员工满意度调查活动（某些外企或规模较大的企业组织会组织员工敬业度调查活动，此种活动的调查结果更为精确与客观），然后将活动结果进行总结，将调查出来的问题进行公示、解读并提出改进措施。

虽然不同的组织每年都会进行这种调查活动，但因为活动方式不同（有些组织由人力资源部门全面独立负责、有些组织会聘请第三方专业机构来主导或配合，还有些组织是由主责员工关系的人员独立完成）及重视程度不同，其结果会有很大的差别。组织中一年一度的员工满意度情况调查活动非常重要且关键，因为此项工作不仅体现了员工的参与性、主人翁意识，也体现了组织对管理工作的重视、对员工的关注。

下面具体阐释开展年度员工满意度调查活动的十个步骤：

第一步：主责部门或主责人与公司高层沟通并取得管理层支持

此步骤是整个员工满意度调查活动的前提与基础，也是该项调查活动是否有效的关键。如组织规模较小，只有少数高层，一般情况下通过一次集中的沟通（口头的或简单书面的）即可明确调查事项，如调查目的、时间安排、调查方式、参与人员、改进计划与跟踪机制等，当即可以得到高层的反馈与指示；如组织规模较大或超大，高层管理人员较多，便需要提前准备好调查活动方案，方案中除了表明为何做、怎么做外，还要有往年的数据或资料做支撑，然后组织专题会汇报。如果汇报中有不同意见（通常集中于时间安排和如何做等方面），会后需要主责部门修订方案并再次进行汇报，最终达成一致意见后，由最高负责人签批同意后执行。

不论何种规模的组织，在高层明确并同意了调查事项后，主责部门要及时与各级管理层沟通，取得他们的支持与配合，这是顺利开展调查活动的保障。可在现实中，许多同行抱怨此项工作吃力不讨好，推进过程非常困难，往往是因为没有做好这一步的沟通，自认为是一项例行工作就按计划推进了，没有通过专题或专项沟通获得高层、各级管理层的认可，即使做了也无法取得既定效果，往往是为做调查而做调查。

第二步：拟定调查活动项目的实施计划并最终确定

在经过高层同意、各级管理者认可的基础上，拟定满意度调查活动项目的实施计划，包括步骤、时间安排、主责人员、具体事项等。此项计划要与各级管理者再次沟通，以再次明确时间安排的合理性，并再次征询管理者的有益意见和建议。

第三步：制定调查方案（含调查方式、调查问卷、评判标准等）

调查活动项目计划在经过最终的确定后，结合第一步中汇报的方案，制定本次调查活动项目的整体方案，包括调查原则、意义、目的、方式、时间进度等。如果是规模较大的组织，要召集各级主责部门负责人开会，强调调查项目的重要性及统一开展调查的必要性，而不能只是把方案发出去，以免在理解上存在偏差，进而在执行上打折扣。

第四步：主责人发放调查问卷并与各级管理者和员工沟通

调查问卷可根据当年的战略及业务规划进行相应调整，但总体上不要有太大变化，以便于后期做历年的数据对比、分析。主责人按调查问卷的形式（纸质或线上，一般皆为匿名）向全员发放（书面问卷或调查链接地址），在内部官方网站上就填写要求进行说明。问卷发下去后不能坐等参与者"交卷"，要主动与各级管理者、员工进行沟通，解决在填写过程中可能会出现的疑问。许多主责人往往没有注意这些，结果回收的调查问卷质量很不理想。所以问卷发放后的主动沟通既是协助，又是跟踪。

第五步：及时收集并整理调查问卷资料

按既定的时间收集所有调查问卷资料，对调查问卷资料及时进行分类、整理，如按不同分支公司分类、按不同司龄分类、按不同类别（管理人员、非管理人员）分类等。要将调查问卷资料集中存放于保密的地方，不能随意乱放。如果是线上填写，要及时截止系统时间，保证系统的安全，不能让员工觉得活动发起者不受重视、不够专业。调查问卷的内容一般包括管控与组织、制度流程、工作氛围、企业文化、工作评估与回报、职业发展等方面。

第六步：主责部门或者专业顾问分析并出具报告

根据回收的调查问卷资料或线上调查的数据资料，由主责部门或专业顾问进行分析、汇总，最终出具本次满意度调查的结果报告。分析的维度、事项等尽量与往年保持一致，以便进行比对，做纵向分析。

第七步：主责部门或者专业顾问向高层管理者分享调查结果

调查问卷报告结果出来后要第一时间与高层管理者进行分享。分享要全面且客观，同时对于结果报告的分析方法，也要进行说明。本次的调查结果报告至少要与上一年的结果进行比对，有哪些进步、哪些不足都要客观地进行汇报。最后，针对结果报告提出下一步的改进思路与方案，以便开展下一步的解读工作。

第八步：主责部门向各级管理者及员工沟通调查结果

经过与高层管理者的沟通，此时主责部门需要向各级管理者及全体员工进行调进结果报告的解读。因为涉及人员较多，可以分批进行，也可以分区域、分部门进行，主要是客观且全面地将结果报告进行反馈，同时，在此过程中要听取各方面对该结果报告的意见与建议。

第九步：主责部门会同各级管理者和员工共同制定行动计划

通过与各级管理者及员工解读调查结果报告，同时听取大家的意见和建议，主责部门要及时予以汇总并形成初步的改进计划。为了制定出大家共同认可的改进计划，主责部门需要分批组织各级管理者及其员工共同研讨、沟通，行动谋划最终确定后要在全公司范围内进行公布。

第十步：主责部门与各级管理者共同对行动计划进行跟踪

在全公司范围内公布了调查结果报告的改进计划后，主责部门要协同各级管理者对计划的实施情况进行跟踪。对于好的做法，公司应及时提出表扬并公告；对于改进不力的，公司要及时予以纠正并提出批评。在此过程中，主责部门与各级管理者要注意把握节奏，不能为了完成任务而做表面文章，导致数据不客观、关注没深度等。

整个调查活动中，前期阶段与高层管理沟通并获得支持及后期阶段的解读非常重要，因为前者涉及调查活动的顺畅性与有效性，后者涉及员工对调查活动的信任度及对组织发展的信心，同时也是让调查活动真正发挥效果的一个步骤，所以需要主责部门花费精力与时间推进这一步骤的工作，相关做法可参考图 9-1 和图 9-2：

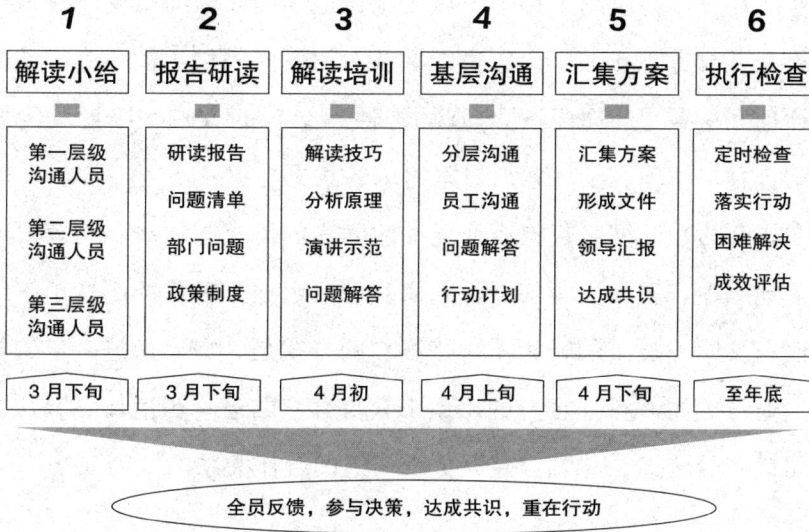

1	**2**	**3**	**4**	**5**	**6**
解读小组	报告研读	解读培训	基层沟通	汇集方案	执行检查
第一层级 沟通人员 第二层级 沟通人员 第三层级 沟通人员	研读报告 问题清单 部门问题 政策制度	解读技巧 分析原理 演讲示范 问题解答	分层沟通 员工沟通 问题解答 行动计划	汇集方案 形成文件 领导汇报 达成共识	定时检查 落实行动 困难解决 成效评估
3月下旬	3月下旬	4月初	4月上旬	4月下旬	至年底

全员反馈，参与决策，达成共识，重在行动

图 9-1　员工满意度调查结果解读流程

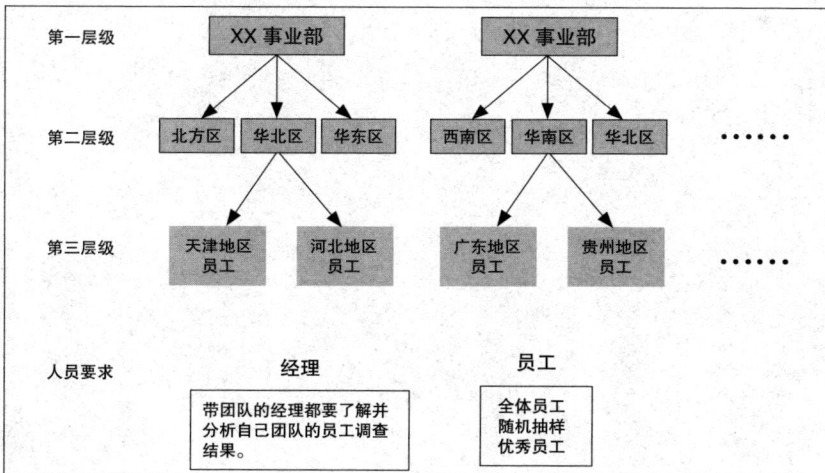

图 9-2　员工满意度调查结果解读安排

2. 外部客户调研与访谈活动

外部客户作为组织生存与发展之源，他们的体验与感受非常重要，能让组织有改进工作的方向，也能保证组织发展的稳定性。进行外部客户调研时可以采用书面问卷与现场沟通相结合的方式，以现场沟通为主，结合客户体验，了解客户对本组织的意见与建议。

在如今的互联网时代，企业更关注客户的需求与体验，与客户的距离更大地缩短、关系更为加强，故而我们可以通过客户的声音了解组织的价值观，明确员工的行为及对待客户的方式是否需要做进一步调整。同时，通过关注并重视客户的反馈来获得客户的进一步信任、获得客户对公司口碑的传播，与客户建立更为长远的合作关系。

第三节 合理运用战略性员工关系管理工作评估结果

对于战略性员工关系管理工作的评估结果，管理者要从客观与理性的角度进行认识，并在管理沟通与实际工作中进行合理运用，避免走极端的情况。因此，管理者既不能全盘接受员工的意见，也不能由组织单方面采取行动。此项工作评估是一项系统且长期的工作，在连续进行三年或五年后，管理者要进行横向与纵向的总结，结合组织的业务发展与经营指标进行分析，既要看到总体的趋势，又要看到历年的问题。组织在管理与沟通中有问题实为正常，关键是要抓住结合业务发展目标的关键性问题做出改进。

每次的评估结果要从三个层面上进行实际运用，如图 9-3 所示：

组织层面上，进行组织架构的设置与调整、企业文化理念与建设上的调整。

管理层面上，进行管理水平与方式的提升与调整、管理工作计划安排与调整。

员工层面上，进行职业规划目标的明确与调整、职业成长培育工作安排。

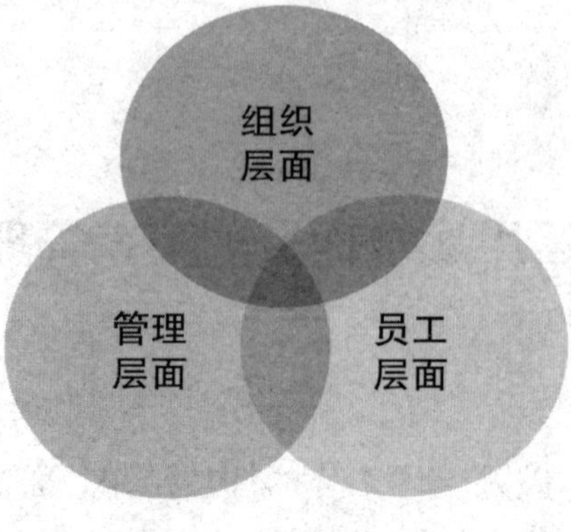

图 9-3　评估结果运用的三个层面

1. 组织层面上

通过日常工作关系的沟通与协作，管理者若发现随着组织业务的深入发展及组织规模的不断扩大，曾经的直线式或职能式的组织架构设置已不符合阶段性要求，便要着手进行调整。这时可以采用矩阵式模式，让沟通与协作关系更加扁平、更有效率，也更加简单直接；在企业文化理念与建设方面，需要通过评估与诊断观察其是否与战略保持一致、是否能够继续促进战略目标的实现。如果存在偏差或理念上需要做调整，那么在企业文化建设导向方面也需要进行改变，如愿景目标的调整、价值观的重新梳理、如何让全员参与企业文化建设并实施贯彻等。

2. 管理层面上

通过全员的调查结果反馈，总结出组织在管理方面通用的管理差距与问题。如有管理方式单一性方面的问题，就需要考虑职场新生代（"90后"员工）的管理需求，丰富管理方式，多学习当今时代的管理方式。

目前"90 后"大部分已经活跃在职场上，成为职场的生力军。"90 后"在网络时代成长，在移动互联网时代成熟，他们的思维比较活跃，对人性化的要求也比较高。为了做好"90 后"员工的管理工作，在管理方面要更加灵活。

某创业公司非常明白这个道理，在员工管理上做得非常灵活。在这家公司里，员工上班的时间是不固定的，员工迟到是没有任何惩罚的，员工甚至可以中午再来上班。只要能把工作做好，公司对员工上班的时间点没有任何限制。

除了上班之外，员工休息的时间也可以按照员工意愿来调整。只要员工能够在规定的时间内把工作做好，员工可以中途休假几天。公司不会因为员工休假而扣员工的工资，只会看员工的工作绩效来发放工资。

在这种开明的管理制度下，公司的员工工作积极性都特别高，同时公司的绩效很高，发展速度也很快。

除了根据员工的情况，对管理方法进行调整之外，还有一些需要注意的地方。比如：对明显不适合管理岗位的人员要及时做出调整，以免影响其个人及团队的发展；对在管理工作中有突出表现的人员要及时给予晋升、进一步培养的机会，让其承担更大的职责；对于现岗位胜任的管理人员，要不断开展相应的培训（内部、外部）、交流、学习等活动，让其管理能力与组织发展的要求保持匹配，以保证组织战略及业务目标的实现。

3. 员工层面上

通过满意度调查结果及全年的员工离职率、离职原因分析，掌握员工自身发展的需求，同时找出其个人职业发展目标未能实现的原因、与岗位胜任能力的差距，帮助员工明确职业规划并为其发展提供发展通道与条件。

　　某公司对员工的状态非常关心，一旦某段时间员工离职率高了，公司就会在员工之间展开调查工作。公司会通过调查明确员工的普遍的想法，然后对员工展开引导工作。如果员工对公司的发展前景不明，就给员工进行详细解说；如果员工对自身的职业前途感到迷茫，就帮员工分析；如果员工对公司的福利待遇不满意，就做出适当调整。

　　由于该公司特别重视员工的状态，所以总是能及时将员工的负面情绪排除，让员工始终处在积极的工作态度之中，该公司的发展一直都很好。

　　工作中，管理者可以通过绩效管理、培训机会、职业发展沟通、动态职业规划调整、岗位职责与胜任力调整等方式，帮助员工逐步实现职业发展规划，达成个人目标与组织目标的一致，进而让员工找到成就感、价值感，获得相应的收益与晋升机会。当然，如果基于个人职业发展方向上的考虑，也可以暂停合作，此时其上级管理者、战略性员工关系管理者都要积极看待这一问题，给出中肯建议，为其在其他平台的发展提供协助。

第十章
有效优化战略性员工关系管理工作

　　战略性员工关系管理的这所"房子"，经过不断发现问题、诊断问题（战略性员工关系管理工作评估），需要进行具体的维护、更新与完善（战略性员工关系管理工作优化），以保障其始终能够稳健地应对外界风险、促进房内人员保持良好的状态，并持续拥有战斗力、竞争力。

　　为此，我们要在对战略性员工关系管理工作评估的基础上，有针对性地开展战略性员工关系管理优化工作，这样不仅能保障该项工作的良性循环，也是发挥员工关系管理工作最大价值的前提。

第一节　优化战略性员工关系管理工作的意义

在如今这个快速发展的时代中，管理工作者的知识、技能及组织的管理方式都要有所调整、有所变化，这样才能满足和适应员工的心理发展需求。在战略性员工关系管理方面，组织中的各级管理者都要紧随时代的节奏，把握新时代的脉搏，通过持续不断地了解员工特点和心理需求，结合战略性员工关系管理工作评估结果，全面优化战略性员工关系管理工作。

及时对战略性员工关系管理工作进行优化，主要有如下意义（如图10-1所示）：

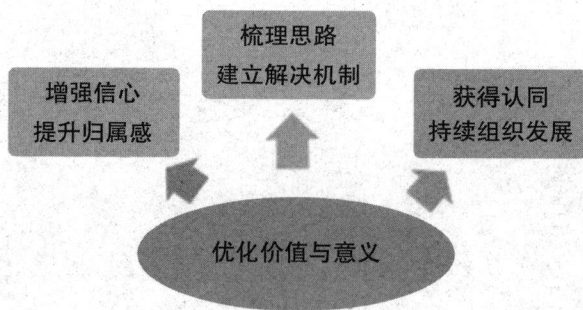

图 10-1　战略性员工关系管理工作优化的意义

1.增强员工对组织发展的信心，提升员工归属感

员工对组织的认识与了解往往是通过员工关系管理工作实现的，比

如团建活动、沟通方式、成长激励等。如果这些工作每年都是一成不变的，就会让员工感觉组织的发展没有活力与动力，会降低他们对组织发展信心，也会降低他们对组织的归属感。

共享单车在 2017 年火遍了大江南北，成为现象级的大事件。且不论今后共享单车行业的走向如何，单从在短短两年时间里就能够发展到如此大的规模，就不得不说它是个奇迹。

ofo 小黄车在共享单车行业中是数一数二的存在，它开创了中国的共享单车行业。ofo 小黄车的创始人戴威并不是什么大人物，而是一个名不见经传的大学生。

在 ofo 的初创时期，没有人看好戴威的工作，很多人都劝他不要做了。在初创业时戴威也确实遇到了很大的困难，但是最终 ofo 团队熬过了困境，取得了成功。这一切都归功于戴威和他的团队员工有很好的沟通，形成了强大的凝聚力，让所有人都有强烈的归属感。

戴威会和团队的所有人在一起，无论是举办活动还是寻找投资人，他们几乎都是一起行动的。在戴威强大信念的影响下，ofo 团队的一群年轻人抱着对自行车骑行的热爱，都全身心投入到工作当中。在这份强大的归属感和凝聚力之下，他们走出了一个又一个的困境，公司也走向了发展的春天。

不断优化员工关系管理工作，可以让员工更多地与组织互动，更有创意地展示组织的状态、形象或气质，能够极大地增强员工工作的动力，提升团队凝聚力。

2. 逐步梳理工作思路与解决问题的方法，并建立有针对性地解决机制

如果说对员工关系管理工作进行评估是发现问题的话，那么对员工关系管理工作进行优化便是在解决问题。

某公司发现员工的工作积极性一直都不高，严重影响了公司的整体业绩，制约了公司的发展。经过一番调查，管理者认为是员工关系管理工作方面出现了问题，员工对公司的晋升渠道普遍存在不满，因此影响了他们的工作积极性。

为了解决这个问题，公司决定对员工关系管理工作进行优化。公司制定了全新的晋升制度，对员工的工作实行计分的方法。根据员工的工作绩效和工作态度，公司会给员工打出一定的分数，分数高的员工能够得到晋升。员工如果在一个岗位上评估分数太低将会被刷下来，由其他分数高的员工来补上他的位置。

这次优化工作过后，该公司的员工工作时明显变得更加积极了。几个月后，公司的整体业绩变得更好了。

通过对战略性员工关系管理工作的优化，管理者可以理清工作思路，之后在进行员工关系管理的过程中就不会迷茫，始终保持清醒的状态，随时解决各类员工关系的问题。这样坚持下去，会逐步形成一套员工关系管理问题的解决机制，进而更好地促进组织及团队朝着良性的方向发展。

3. 增强外部客户对本组织的认同，为其与本组织的持续合作贡献力量

高效的员工关系管理会促进组织中的员工有更好的工作状态和良好

的工作结果，这样的状态和结果便会不自觉地传递给外部的客户，让外部的客户产生对本组织的认同，使其更愿意与本组织进行长期的、战略性的合作，为组织发展持续贡献力量。

第二节　战略性员工关系管理工作的优化方式

我们要重视战略性员工关系管理工作，努力把这项工作做好。这就要求我们不断对这项工作进行优化，以达到更好的效果。具体应该如何优化呢？我们可以运用以下方法进行。

1.明确制定改进计划

管理者通过各种调研与分析，对战略性员工关系管理工作的成果进行评估，同时发现该工作中需要改进的问题，并将其一一列出，这是实现员工关系管理目标的方式与手段。通过这些方式与手段，管理者要制定出各项改进计划，最终让战略性员工关系管理中存在的问题得以解决。当然，最佳的结果是让这些问题不仅在当下可以得到解决，而且要在以后的工作中不再出现，或者即使出现也可以在第一时间得到解决。如员工的劳动争议问题，解决起来不仅需要相应的规章与机制，更重要的是管理者的和谐劳动关系意识和处理问题时用心、用情的方式方法。

海尔集团现在是国际化的大企业，但在张瑞敏刚刚接过海尔时它只是一个濒临破产的小厂子。

当时，厂子能不能继续在市场上生存下去都是问题，厂里的员工当然也就不会对工作上心。当时有一种说法是：每天8点钟上班，但一会儿人就跑光了，9点的时候扔个手榴弹都炸不到人。当时海尔员工不仅工作积极性差到了极点，而且员工干什么的都有：有的人把厂里的东西偷偷拿回家，有的人在车间里随地大小便，有的人在不许抽烟的车间里抽烟……

在这种情况下做好员工关系管理工作，张瑞敏可以说是任重而道远。这不是一天两天就能改过来的情况，需要打持久战。张瑞敏没有在困难面前退缩，他按照自己的计划，一步一步开始了对员工的管理。他首先制定了十三条规定，从最基础的问题开始抓起，慢慢提高员工素质，改善员工关系。

他的这些规定有：不准迟到早退、不准在工作时间喝酒、不准打架、不准哄抢工厂物资、不准在工作时间外出、车间内不准吸烟、不准在车间随地大小便……

看到"不准在车间随地大小便"这条规定，可能很多人都会觉得很好笑。可就是在这么低的起点上张瑞敏一步一步把员工关系管理做好了，直到把海尔管理成一个国际化的跨国企业。

战略性员工关系管理工作改进计划的制定，一定要切合实际，不能想当然，也不能过于着急完成。管理者要就改进计划与组织中的各级管理者、各岗位员工进行座谈与充分沟通，有时候可能是反复地研讨与沟通。在综合各方意见的基础上，形成具体的落地实施计划，包括计划如何完成、谁来完成、何时完成及所需支持与协作等。管理的改进计划一般情况下要经历一个比较长的时期，比如半年或一年甚至更长时间，因为这些问题往往是在较长时期内产生的，或是随着组织的发展而产生的，所以不可能一蹴而就地解决，管理者要有打持久战的心理准备。

2. 及时监控改进结果

在实施与执行战略性员工关系管理工作改进计划的过程中，管理者要及时进行监控，既要对具体的执行效果及时进行总结与反馈，也要对执行方向可能出现的偏差进行及时调整，要充分结合企业文化导向（如使命、愿景、核心价值观）与组织的管理工作理念（如企业精神、管理原则）等来检验改进结果。

某公司发展状况不佳，经理认为原因在于员工关系管理工作出了问题。为了让公司发展得更好，经理决定对员工关系管理工作进行调整。

在刚开始进行调整时，员工对新的制度一时间难以接受，会因为不适应新制度而犯错误。经理本着有错必究，但不进行过重的处罚的原则，对每一个员工的错误行为都及时进行提醒。

由于监管得力，没过多久员工就适应了新的制度，员工关系管理工作得到了有效改进。最终，公司的发展情况也变好了。

管理者要想让战略性员工关系管理改进计划的执行工作能够按期按质完成，就要建立有效的反馈机制，由各部门主责计划改进人进行及时反馈，同时由主责战略性员工关系管理者组织阶段性的专题会、汇报会，邀请组织的最高管理层参加，明确改进计划的执行情况。会议中要形成良性互动，实实在在地解决在执行过程中的问题。但在此项改进计划的实际推进工作中，往往是由组织中主责员工关系管理工作的人员被动地向各部门催交改进计划，对于各级部门管理者来说好似一个被动的任务，草草做完了事，最终效果自然不佳。

第三节　战略性员工关系管理优化成果运用

不论对组织内部的员工还是对组织外部的合作客户，优化战略性员工关系管理工作都具有非常重要的价值。组织中的各级管理者及战略性员工关系管理负责人都应该阶段性地组织开展优化后的成果运用工作。对于优化后的结果如何进行运用，以下几方面供大家借鉴与参考。

1. 建立持续的员工调查机制

在现有年度员工满意度或敬业度调查活动的基础上，组织要针对不同系统或业务部门，在年度内的不同时间段开展调查活动。

某公司虽然有比较好的员工关系管理体系，但平时对员工工作的调查和监督等工作做得不是很好。这就导致员工在工作时表现得不那么积极，员工的工作效率普遍不是很高。有的员工甚至觉得工作效率高不高都无所谓，反正公司也不会特别关注这些。

为了提高员工的工作效率，公司开始加大对员工工作的调查和监督力度。以前，员工迟到、早退都不会有人管，而现在公司一旦发现员工有迟到、早退的情况，就会对员工进行处罚，这种处罚是随着迟到或早退次数的增多而加重的。员工第一次迟到或早退，只是象征性地处罚一下，以示警告，但接下来如果员工继续这样，惩罚会逐渐加重。

除了对迟到、早退的情况加大监督和管理的力度之外，公司对员工的工作绩效和工作质量的调查和管理也越来越严格了。公司不再按工时付费，而是根据员工工作的情况支付薪酬，要求员工同时保证工作的数量和质量。

经过对员工加强调查和管理工作，公司的业绩开始逐渐变好，公司的整体氛围也变得更好了。

及时了解与掌握员工关系管理工作中出现的问题，为公司开展整体年度调查活动做铺垫，同时将日常工作中出现的问题及时解决，避免问题扩大化、严重化，避免花费更多精力与时间，更有助于员工关系管理工作的开展。

2. 不断优化与完善组织发展策略

建立持续的员工调查机制并开展一系列的调查活动，同时针对每次的改进计划进行持续跟踪解决，这些活动为完善组织的各项管理规章、企业文化理念体系、员工工作与行为规范提供了有力保障。

A公司是国际化的大公司，它对员工关系管理工作特别重视，认为员工关系工作做得好不好，会直接影响到员工的工作激情，进而影响到公司的发展。

A公司会经常对员工的工作情况展开调查，一旦员工的工作状态出现问题，公司就会在员工关系管理上寻找问题的根源。正是在这种思想的指导下，A公司能够不断完善员工关系管理工作，让员工在工作时更加舒心。

事实证明，A公司的做法是非常正确的。员工如果工作绩效不高，通常不是员工的技术或专业出现了问题，而是他们对公司的管理制度或某些方面感到不满意了。员工心理对公司有了不满的地方，这才是影响他们工作激情最主要的因素。

由于A公司经常从员工调查中发现问题，并不断完善员工关系管理工作，所以A公司的员工关系管理工作做得非常好。A公司的员工在这样的环境下工作幸福感十足，每个员工的工作积极性都很高，创造力也能充分发挥出来。正因如此，A公司一直在同行业中独占鳌头。

通过优化战略性员工关系管理工作，让现有团队成员的精神状态、工作关系与环境氛围与组织的发展战略、市场策略相匹配，能更好地促进并支持战略目标的实现。

当然，战略性员工关系管理工作的优化成果需要组织的战略要求和实施策略予以保障。因为战略性员工关系管理工作往往是比较琐碎的、分散的，往往容易被各级管理者所忽视，所以需要组织在制定战略及发展策略时予以重视。只有在保障员工各项利益、关注员工各项需求的基础上，团队才能持续保持战斗力，反过来才能保障组织战略目标的实现。

后记

创建和谐，基业常青

二十一世纪，最重要的是人才！在移动互联快速发展的今天，人才同样重要。虽然人工智能已成为趋势，但都是人才的功劳！选择了与人才打交道的职业，我深感自豪与骄傲！回首十余年来不同行业、不同组织的一线人力资源与员工关系管理工作经历，我感悟颇多，特别是在员工关系管理方面，更是让我感受到了巨大的责任感与使命感，因为组织中员工关系管理的内容涉及组织人力资源管理的各个方面，是基于组织的文化与战略而开展的管理模式。此种模式从横向上看，有员工沟通、员工激励、员工关怀、员工发展、劳动关系、文化建设；从纵向上看，有员工招聘、培训开发、薪酬福利、绩效考核。归根结底，此种管理模式就是解决组织中所有有关"人才"的问题，即如何有效激发人才的潜能、关注人才的成长、提升人才的士气、让人才拥有良好的工作心态、打造一个有超强竞争力与战斗力的团队，最终实现组织及个体的持续发展与共赢。所以从这个角度讲，我认为，在快速发展的移动互联网时代，组织的战略性员工关系管理就是组织的战略人力资源管理。

曾几何时，作为一名主责人力资源管理的工作者，我几乎每天都会遇到组织成员各种各样的问题，如劳动纠纷、工作抱怨、违规违约、工作冲突、投诉申诉、离职交接等。这些问题发生以后，根据热炉效应，不得不立即处理，而实际工作中，员工关系问题往往是一波未平一波又起，如劳动争议、竞业禁止、员工薪酬、福利待遇、沟通不畅、绩效不佳等，用"救火队员"来形容当时的状态再恰当不过了。可处理完这些事情之后可能还会有一些新的问题出现，所以需要一边处理这些的工作，一边思考到底为什么会出现如此多的问题？如何有效处理并规避这些员工关系的问题？

如果说是因为组织的政策、规章与流程不够完善，可为什么那些在体系、机制方面非常完善的知名组织甚至是跨国组织也经常出现员工关系的各类问题？后来经过观察和了解，我发现其实员工关系问题是任何组织都存在的，只是在那些规章、制度与流程相对完善的组织中这些问题的出现频率会低很多。在处理与解决员工关系问题方面，这些组织有方法和预案，甚至会设置员工关系管理专岗来专门管理组织的员工关系问题。这些专岗人员更强调以组织战略及"人才培养"为出发点，以引导、关注、关怀、激励与发展为工作重点，充分给予员工尊重，创建更佳的工作环境与氛围，自然会消除许多矛盾与冲突。而在规章与机制不太完善的一些组织中进行员工关系管理时，通常把劳动关系管理放在了主导地位，总是被动地去处理员工的一些问题，组织认为出现各种员工关系问题是应该的事情，或者说员工本身是有问题的，即使设立了员工关系管理这样的岗位也没有特别清楚的职责，所以很多本来可以通过其他方式解决或可以消除在萌芽状态的甚至是可以预防的问题，因为事前没有关注、预防与排解，再加上组织的规章、流程意识不强，导致出现的问题越来越多，越来越无法建立一种和谐的工作氛围，这种风气一旦形成就很难改变，也会逐渐地影响更多的员工。这种本末倒置的现象最终会影响整个组织的良性发展和组织目标的实现。

有问题不可怕，可怕的是出现了问题只是一个劲儿地就事论事，或者说只顾"低头拉车"不能"抬头看路"，不能通过及时总结与梳理建立有效的处理机制并找到合适的解决方法。这样我们这种"救火队员"的身份就一直难以改变。如何有效改变这种现状呢？最有效的方法是去总结、梳理并提炼出符合本组织文化、战略的"战略性员工关系管理体系"，包括工作机制、规章制度、流程规范及解决方法。当然，要落地此套体系，需要在工作中不断培育管理者的服务意识、员工的职业素养。是否把员工利益放在了首位，是否真正尊重了员工，是否站在员工的角度来思考与处理问题，这些才是解决所有员工关系问题的出发点与关键点。如今的移动互联网时代更强调人性化、个性化的管理方式，需要组织中的各级管理者从过去对员工仅是"管理"的意识逐步转换为"服务＋管理"的意识，即没有服务，就无法管理。

新劳动合同法的实施，让我们看到了员工关系管理的更多契机。其实，这样的法律法规更多的是在提升组织的人力资源管理或员工关系管理的水平、促进组织的管理规章与流程的完善、提升劳资双方的劳动法律意识。所以，在许多交流、分享、讨论、培训等场合甚至在各类相关主题的论坛中都会高频率地涉及这样的话题，大家也发表了各种评论。我认为这恰恰是一种进步的体现，因为它至少在引导我们去用一种新的管理意识，用更符合劳资双方的方式去正确处理各类员工关系问题，让我们站在更高层面去分析产生各类员工关系问题的原因，进而促使组织建立更为完善的规章和融洽的工作环境，来满足个体及组织共同发展的需要。

管理者有一个共识，就是实际用在工作上的时间要远远多于在家里或陪同家人、朋友的时间，有些工作中需要加班加点的员工甚至付出的时间会更多。而如今高速发达的移动网络，让许多人的工作不仅局限于工作单位，而是随时随地都可能在工作。所以，不论什么情况下的工作，管理者都要及时肯定、鼓励你的员工，给予反馈并予以尊重、关心、关注。这一点显得尤为重要，否则任何风吹草动都有可能引发员工关系问题，组织便无法形成良性的工作环境氛围。

在实际工作中，我们也可以看到有一些员工与组织走上仲裁或法院的案例。从某种程度上说，这并不是最好的解决办法，不到万不得已都不愿意走上这一步，因为这样的结果往往是损害双方利益的。在此，战略性员工关系管理的逻辑是多给员工一些投入与关注，就会有加倍的回报，多一分真心就会换回加倍的真诚与理解，多一分激励就会产生加倍的绩效，员工并非一定要得到某些物质利益，而是需要我们给予他们足够的关注、尊重他们的个性，必要时给他们充分发挥与展示的机会，让他们在融洽、和谐的环境下快乐地开展工作，自然就会减少甚至规避一些极端情况的出现。总之，组织要创建融洽的工作环境、和谐的文化氛围，员工心情爽了、工作热情高了、工作投入度增强了、工作中的创造性提高了，具有高效执行力与战斗力的团队也就形成了，常青的组织基业也就有了最终的保障。

未来，已来！相信您及您的组织已经做好了准备！在互联网时代，战略性员工关系管理模式正是您的明智选择！